# JUANA DE ARCO

RÉGINE PERNOUD

# JUANA DE ARCO
## Breve biografía

EDICIONES RIALP
MADRID

Título original: *Petite vie de Jeanne d'Arc*

© 2017 Groupe Elidia, Éditions Artège.
© 2024 de la versión española realizada por MIGUEL MARTÍN
*by* EDICIONES RIALP, S. A.
Manuel Uribe 13-15, 28033 MADRID
(www.rialp.com)

Preimpresión: www.produccioneditorial.com

ISBN (edición impresa): 978-84-321-6664-8
ISBN (edición digital): 978-84-321-6665-5
ISNI: 0000 0001 0725 313X
Depósito legal: M-966-2024
Impreso por Anzos, S. L., Fuenlabrada (Madrid)

# ÍNDICE

# PRÓLOGO

JUANA DE ARCO, todos conocemos su historia. Es tan conocida que se tiende a creer que se sabe todo sobre ella antes de haberla estudiado; ¿no basta con haber leído en el colegio algún manual elemental para estar informado?

Además, se han escrito sobre ella muchas obras, y apenas pasa un año sin que aparezca alguna más. No hay más que elegir. Con tal de que se elija bien.

Porque, precisamente, la historia de Juana, en su simplicidad, plantea a cuantos la evocan una multitud de preguntas. Cuando, para el Centre Jeanne-d'Arc de Orleans, creamos el programa destinado a digitalizarla, nos dimos cuenta de que para tratar el conjunto de las preguntas que podían plantearse, tendríamos que prever no solo el marco personal —orígenes, familia, ascendencia, etc.—, sino también el marco político: las circunstancias de su llegada; el marco militar, puesto que ella emprendió combates; el marco jurídico, pues fue juzgada; religioso, pues se trataba de un tribunal de la Inquisición; literario, pues su irrupción en la Historia ha suscitado una multitud de poemas, crónicas, piezas de teatro y películas; eso, sin hablar de las obras de erudición y de historia propiamente dichas.

Todo para una carrera que discurre en *dos años*. Dos años. Dos años en un periodo caracterizado por lo que se llama la guerra de los Cien Años…

Aún quedará lo que escapa a la informática: la emoción ante esta muchachita que obtiene a los diecisiete años victorias decisivas, que cambian la faz de Europa, y muere quemada viva a los diecinueve años. La extrañeza también de una vocación que rechaza obstinadamente atribuirse a ella misma cualquier gloria o mérito, sino que todo lo refiere a Dios. Y ahí no hay respuesta posible, salvo la que conduce a un infinito siempre presente en la libertad humana.

Lo que sigue siendo sorprendente es el número de autores, y de obras, que a propósito de Juana de Arco se dedican a hipótesis y suposiciones, todas más o menos gratuitas, y vuelven la espalda a la Historia. Pues sin duda no hay un personaje, en todo caso del siglo XV, sobre el que estemos mejor y más abundantemente documentados. Ella ha asombrado a sus contemporáneos tanto como nos asombra a nosotros, de ahí las crónicas, memorias, cartas que hablan de ella. Sobre todo, al juzgarla, Pierre Cauchon y los demás universitarios que colaboran con el invasor no sospechaban que nos preparaban el documento más destacado de Historia: el texto del proceso de condena (1431), con sus preguntas y las respuestas de Juana, proporcionando sobre su persona un testimonio tanto más convincente por cuanto fue preparado por sus adversarios, decididos a conducirla a la hoguera. Luego, dieciocho años más tarde, cuando el rey de Francia Charles VII consigue expulsar al enemigo de Rouen, comienza otro proceso, llamado «de rehabilitación»: se interroga a todos los que han conocido a la heroína para saber si su condena como herética estaba o no justificada; unos 115 testigos declaran, cuentan sus recuerdos, dicen lo que saben de ella: magnífica fuente que nos da *en directo* la impresión que ella producía.

Ahí está la Historia, en los documentos contemporáneos, no en los cerebritos de novelistas que, incapaces de inventar personajes de suficiente estatura —no todo el mundo se llama Balzac, o Dumas—, pegan la etiqueta *Juana de Arco* sobre el pobre maniquí que ellos han imaginado.

Esta breve biografía de Juana de Arco que presentamos estará compuesta en casi su totalidad por los testimonios del tiempo, a los que será fácil dirigirse si se desea comprobarlos. Toca a cada lector, puesto ante la Historia, hacerse una idea personal de esta muchacha sublime y *singular* en sentido propio. [En adelante, la llamaremos Jeanne d'Arc, su nombre original].

# 1.
# EN MI PAÍS ME LLAMABAN JEANNETTE

EL PUEBLO DONDE NACIÓ Jeanne d'Arc, Domrémy se sitúa en las "marcas de Lorena", es decir, en la frontera del Barrois, y de esta provincia de Lorena entonces casi independiente, lo que motivará el apodo de "Jeanne la bonne Lorraine" en el famoso poema de François Villon. Las fronteras, en verdad, siguen aún un poco indecisas en la época en que nació Jeanne, es decir, muy probablemente el año 1411 o quizá 1412, según la tradición, en la noche de Epifanía, el 6 de enero. En su interrogatorio en Rouen, Jeanne, después de haber declarado que dirá bajo juramento todo lo que concierne a su padre y su madre, los nombrará así: «Mi padre se llamaba Jacques d'Arc y mi madre Isabelle». Luego, en el curso del proceso que se llama siempre «de rehabilitación», varios testigos interrogados en Domrémy atestiguarán también sus orígenes, su nacimiento, su bautismo. Entre otros, el que había sido su padrino, Jean Moreau, un labrador (campesino) de Greux, pueblo muy cercano de Domrémy, donde se encuentra la iglesia principal que reúne las dos parroquias: «Jeannette […] ha sido bautizada en la iglesia de Saint-Rémy, parroquia de este lugar. Su padre se llamaba Jacques d'Arc y su madre Isabellette, en vida campesinos en Domrémy […]. Eran buenos y fieles católicos y buenos labradores, de buena reputación y honesta conversación […]. Yo fui uno de los padrinos de Jeanne».

La gente de Domrémy fue así interrogada en el mes de enero de 1456 sobre la heroína, célebre ya entonces en todo el mundo conocido. Ellos la vieron crecer y vivieron a su lado durante dieciséis o diecisiete años, la mayor parte de la existencia de "Jeannette", muerta a los diecinueve años. ¿Era peleona? ¿Un «marimacho»? ¿De una vivacidad inquietante?

Decepción. Para la gente de Domrémy, Jeannette era «como las demás». «Trabajaba con gusto, vigilaba la comida del ganado, se ocupaba alegremente de los animales, de la casa de su padre, hilaba y realizaba los trabajos de la casa», declara uno de sus compañeros de infancia, Colin, hijo de Jean Colin. «Hasta el momento en que dejó la casa de su padre, iba al arado y guardaba a veces los animales en los campos y hacía labores de mujer, hilar y todo lo demás», dijo su padrino ya citado. «La casa de mi padre estaba casi contigua a la de Jeannette —cuenta su amiga Marguerite, llamada Mengette—. Y yo conocía a "Jeannette la Pucelle", pues a menudo hilaba en su compañía y hacía con ella las demás labores de la casa, día y noche». Otra amiga, bien conocida por los poemas de Péguy, Hauviette, precisa: «Jeane era buena, sencilla y dulce muchacha. Iba a menudo a la iglesia y a los lugares santos […]. Se ocupaba como lo hacen las demás jóvenes, hacía las labores de la casa e hilaba, y a veces, como yo he visto, guardaba los rebaños de su padre». Un rasgo destacado por todos: «Jeanne iba *con gusto* a la iglesia y frecuentaba los lugares santos». Es lo que dice también uno de sus compañeros, Michel Lebuin. Y con él, todos confirman su piedad: «Jeanne era de buena conducta, devota, paciente, iba con gusto a la iglesia, a gusto se confesaba; daba limosna a los pobres cuando podía».

Al hilo de las evocaciones, una palabra vuelve constantemente: *volontiers* (con gusto). «Ella trabajaba *volontiers*, se ocupaba *volontiers* de los animales, iba a menudo y *volontiers* a la iglesia y a los lugares santos, daba *volontiers* y por amor de Dios lo que tenía… *Volontiers*. *Volontiers*». Esto indica un dinamismo, una jovialidad que parece, en efecto, caracterizando a Juana a través de toda su existencia.

En cuanto al papel desempeñado en los acontecimientos que afligieron entonces a todo el país, también nos llega un eco. Hasta estas regiones fronterizas se sienten, de hecho, la división entre Armañacs y Burguiñons. Estos últimos se han puesto, siguiendo a su duque, del lado del ocupante: porque Francia era entonces un país conquistado, desde Normandía hasta el Loira, desde esta fecha de 1415 —Juana tenía entonces tres años— que fue la del desastre de Azincourt. El rey de Inglaterra, Henri V, volviendo a la política de su padre —el cual había destronado y hecho morir al último descendiente legítimo de los Plantagenets, Richard II—, deseaba conseguir en Francia sus propias victorias para consolidar su trono, aprovechándose para eso del desconcierto de un país cuyo soberano, Charles VI, se había vuelto loco, lo que suscitaba a su alrededor toda suerte de ambiciones y rivalidades. Quienes enfrentaron a los duques de Borgoña y a los príncipes de Orleans habían producido ya un asesinato, el del príncipe Luis de Orleans, hermano del rey, caído el 23 de noviembre de 1407 bajo el puñal de los asesinos pagados por su primo Juan sin Miedo. Cuando la invasión, este se había puesto del lado inglés, mientras que los partidarios de la casa de Francia se agrupaban bajo la etiqueta de Armañacs, nombre del suegro de Charles, hijo de Luis de Orleans. Este término de Armañacs subraya por otra parte la fidelidad y el apoyo constante que la Francia del Midi (del sur), permaneciendo fiel a la dinastía legítima, se enfrentará a los invasores.

Y si nadie en Domrémy podía imaginar que estas luchas sangrientas iban a ser protagonizadas por "Jeannette", al menos se sentían en estas regiones lejanas los contragolpes de la guerra: los de Domrémy en general habían adoptado el partido del rey de Francia, mientras que en el pueblo cercano de Maxey los campesinos se sentían «Borgoñones», lo que prueba que hasta en las más pequeñas aldeas la división entre franceses era profunda. Así nacían las disputas de las que se volvía «a veces muy herido y sangrando».

Por lo demás, no faltan los episodios guerreros. La misma Jeanne –con catorce o quince años, pues esto pasa en 1428– será arrastrada en el éxodo de la gente de Domrémy y del cercano pueblo de Greux hacia la ciudad fortificada más próxima, la de Neufchâteau. Allí acude todo el mundo, bestias y gente, con gran prisa, pues se ha sabido que la poderosa fortaleza de

Vaucouleurs, cuyo capitán, Robert de Baudricourt, está por el rey de Francia, va a ser asediada por el gobernador de Champagne, a sueldo del duque de Borgoña, Antoine de Vergy. «Todos los habitantes de Domrémy huyeron —dice un testigo, el cura de la parroquia vecina, llamado Dominique Jacob—, hombres de armas llegaron a Neufchâteau y entre ellos Jeannette venía también, con su padre y su madre, y siempre en su compañía».

Eso, en el tranquilo paisaje de la «Meuse endormeuse» (el Mosa durmiente), cuya calma no se altera más que por los retozos de la juventud del país, en la primavera por ejemplo, cuando la nieve ya no cae y los árboles reverdecen; es así como en el cuarto domingo de Cuaresma en que se canta «*Laetare Jerusalem*», al acercarse las fiestas pascuales, muchachas y muchachos van a bailar y cantar cerca del árbol que se llama «el Árbol de las Damas» o «Árbol de las Hadas», llevan panes y nueces para comer bajo el árbol y van a beber a una fuente, la fuente de Rains, cuya agua se dice que aporta la salud. Fiesta tradicional de orígenes que se remontan a un lejano folklore.

Pues parece que, en estas inocentes distracciones, Jeannette, a pesar de ese entusiasmo personal que la lleva a hacerlo todo «*volontiers*», solo toma parte lo menos posible. «He cantado más que bailado», dice después en una evocación llena de frescura y de poesía de las distracciones primaverales de su país.

El caso es que, en esta infancia «como las demás», algo pasó que ella misma cuenta con toda sencillez: «Cuando llegué a la edad de unos trece años, tuve una voz de Dios para ayudar a gobernarme. Y la primera vez me dio mucho miedo. Y vino esta voz, en el tiempo de verano, en el huerto de mi padre alrededor del mediodía [...]. Oí la voz desde el lado derecho, hacia la iglesia. Y raramente la entendí sin claridad. Esta claridad viene del mismo lado del que se oye la voz. Hay por lo común una gran claridad [...]. Después de haber oído tres veces esta voz, he comprendido que era la voz de un ángel [...]. Me ha enseñado a portarme bien, a frecuentar la iglesia. Me ha dicho que era preciso que yo, Jeanne, fuese a Francia...». A las preguntas que se le hacen, ella responde luego: «La primera vez dudé mucho si era san Miguel quien venía a mí, y esta primera vez tuve mucho miedo. Y lo he visto luego varias veces antes de saber que era san Miguel... Antes que nada me decía que fuese buena hija y que Dios me ayudaría, y entre otras cosas, me ha dicho que fuese en socorro del rey de Francia... Y el ángel me decía la pena en que estaba el reino de Francia».

«Alrededor de trece años», dice ella, evocando esta llamada. La primera visión debió aparecérsele en 1424 o 1425. La mantendrá en secreto, sin hablar con nadie, hasta 1428, cuando, no aguantando más, irá a ver en Vaucouleurs al capitán Robert de Baudricourt, el cual defiende obstinadamente su fortaleza en nombre del rey de Francia.

Y Jeanne añade que, justo después de haber oído la voz, «prometió conservar su virginidad tanto tiempo como quisiera Dios». Respuesta espontánea a la llamada de Dios: permanecerá virgen, autónoma, sin depender en cuanto a su persona más que del mismo Dios. Es la respuesta, a través de los tiempos, de la virgen consagrada, desde la primitiva Iglesia, cuando Inés, Cecilia,

Anastasia preferirán exponerse al hierro del verdugo o a los dientes de las fieras en el circo antes que traicionar la completa entrega de su persona hecha a Dios, por quien son llamadas.

En el entorno de Jeanne, alguien ha tenido el sentimiento de su singular destino: su padre. «Mi madre me dijo muchas veces, declara ella, que mi padre le había dicho que había soñado que yo, Jeanne, su hija, me iría con gentes de armas […]. Y he oído decir a mi madre que mi padre decía a mis hermanos: "Verdaderamente, si hubiese sabido esta cosa que temo a propósito de mi hija, preferiría que vosotros la ahogaseis. Y si no lo hicieseis la ahogaría yo mismo"». Sueño premonitorio que Jacques d'Arc apenas podía interpretar de otra manera que en el peor de los sentidos: su hija Jeanne iba a ser una de esas muchachas que siguen a los ejércitos. Así que padre y madre han debido quedar satisfechos al saber que a su Jeannette la pedían en matrimonio. Por un pretendiente muy pronto furioso al verse rechazado ante el oficial de Toul, que pretendía que ella le había prometido esponsales, cosa que en la época era considerada como un verdadero compromiso. Episodio pasajero que no dejó mucha huella en el espíritu de Jeanne: «Fue él quien me hizo citar, y allí he jurado ante el juez decir la verdad. Y finalmente, él declaró que yo no había prometido nada a este hombre».

Jeanne es una muchacha como las demás, capaz de inspirar amor, pero decidida, por su parte, a no darse a nadie. La llamada que ha oído la consagra únicamente al servicio de Dios.

# 2.
# Y CUANDO VINE A FRANCIA
# ME LLAMARON JEANNE

EL TIEMPO DE LAS PRUEBAS LLEGÓ. Jeannette se convertirá en Jeanne, y para nosotros Jeanne d'Arc. Sus contemporáneos, subrayémoslo, no la llamarán más que «Jeanne la Pucelle» (la virgen).

Para ser aceptada, vivirá toda suerte de dificultades, bastante comprensibles por otra parte: hay una gran distancia entre la pequeña campesina que ella es y la increíble vocación que porta.

El primer hombre al que debe convencer es a Robert de Baudricourt, que asume la defensa de la fortaleza de Vaucouleurs —esta misma fortaleza sufrió, sin éxito por otra parte, los asaltos borgoñones en 1428—. Robert debió comprometerse a no atacar las fuerzas anglo-borgoñonas para que se levantase el asedio de la ciudad: una suerte de declaración de neutralidad, gracias a la cual Antoine de Vergy consintió retirar sus tropas.

Parece que Jeanne fue una primera vez a encontrar a Baudricourt antes de este asalto. Eso nos lo atestigua alguien que estuvo mezclado en el asunto: Bertrand de Poulengy, pequeño señor de los alrededores, escudero del rey de Francia: «Jeanne la Pucelle, dice él, vino a Vaucouleurs en la época de la Ascensión del Señor, según me parece. Y ahí, la he visto hablar a Robert de Baudricourt que era entonces capitán de la ciudad. Ella le decía que había venido a él, Robert, de parte de su Señor, para mandar al delfín (futuro Charles VII) que él se comporte y que no haga la guerra a sus enemigos, pues el Señor le enviará socorro antes de la mitad de la Cuaresma».

Para llegar a Vaucouleurs, Jeanne había recurrido a un primo tercero, Durand Laxart, que vivía en Burey-le-Petit, pueblo cercano de la ciudad-fortaleza. Con el pretexto de ir ayudar a su esposa que estaba de parto, Jeanne se había ido a vivir a casa de Durand y le había puesto al tanto. Este primer encuentro terminó mal, Robert había recomendado llevar a esta muchacha a sus padres después de darle un par de bofetadas. Ocurrió luego el episodio guerrero del ataque a Vaucouleurs, y a finales de este mismo año de 1428 o durante los primeros días de 1429, Jeanne vuelve audazmente, siempre gracias a la complicidad de Durand, a encontrarse con Baudricourt. Solo a la tercera tentativa este se dejará convencer. Entre tanto, Jeanne habrá logrado persuadir a su alrededor a los habitantes de Vaucouleurs. Estos, según cuenta Durand Laxart, «le compraron ropa de hombre, y todo lo que le era necesario. Y yo mismo y Jacques-Alain de Vaucouleurs le compramos un caballo por el precio de doce francos, a nuestra costa». Jeanne ha encontrado el modo de alojarse en Vaucouleurs, con el matrimonio de Henri Le Royer y su esposa, Catherine. Esta ha guardado un vivo recuerdo de la estancia de Jeanne: «Ella estuvo en mi casa por espacio de tres semanas, y fue entonces cuando habló al señor Robert de Baudricourt para que él la condujese al lugar donde estaba el rey [...]. ¿No habéis oído decir que ha sido profetizado que Francia se perdería por una mujer y restaurada por una virgen de las Marcas de Lorena? Recuerdo haber oído eso, y quedé estupefacta. Y después de eso he creído en sus palabras, y conmigo muchos otros», cuenta ella.

Esta pequeña Jeannette que, en Domrémy, lo hacía «todo como las demás», clamaba ahora obstinadamente su misión y pedía que se la condujese al lado de quien ella llamaba el delfín. Un señor, compañero de Baudricourt, Aubert d'Ourches, había quedado muy impresionado por la persona de Jeanne: «Esta virgen, según me parecía, estaba llena de buenas costumbres. Me hubiese gustado tener una hija así [...]. Esta virgen hablaba muy bien». Otros fueron también conquistados por la insistencia de Jeanne y su firme seguridad; así Jean de Metz, escudero del rey como Bertrand de Poulengy: «Cuando Jeanne la Pucelle, dice él, llegó al lugar y ciudad de Vaucouleurs, yo la vi, vestida con pobres ropas, ropa de mujer, roja... Le hablé, diciendo: "Amiga, ¿qué haces aquí? ¿No es preciso que el rey sea expulsado del reino y que nosotros seamos ingleses? Y la virgen me respondió: "He venido aquí a cámara del rey (a una plaza real) para hablar a Robert de Baudricourt para que me conduzca o me haga llevar al rey, pero no me presta atención a mí ni a mis palabras. Y, sin embargo, antes de que llegue la mitad de la Cuaresma, es preciso que yo esté cerca del rey, aunque deba gastar mis pies hasta las rodillas. No hay en efecto nadie en el mundo, ni rey, ni duque, ni hija del rey de Escocia u otra, que pueda recobrar el reino de Francia. No tendrá socorro si no es de mí; aunque yo hubiese bien preferido quedarme hilando junto a mi pobre madre, pues esto no es mi oficio. Pero es necesario que yo haga esto, pues mi Señor quiere que actúe así". Le he preguntado, prosigue Jean de Metz, quién era su señor. Ella me dijo que era Dios. Y entonces yo, Jean, que atestiguo aquí, he prometido a la Pucelle, poniendo mi mano en la suya como gesto de fe, que, Dios mediante, la conduciría al rey. Y le he preguntado cuándo quería ir. Ella me dijo: "Mejor hoy que mañana y mañana que más tarde". Entonces le he preguntado si quería ir con sus ropas. Ella me respondió que preferiría tener ropa de hombre. Entonces, le he dado ropa y calzado de uno de mis servidores para que pudiese vestirse».

Así se creó, en torno a Jeanne, todo un impulso de solidaridad. Consigue convencer uno a uno a todos a los que se dirige. Y finalmente Robert de Baudricourt también es convencido. No hay nadie, hasta el duque de Lorena mismo, en su ciudad de Nancy, que no haya oído hablar de ella. Él cree estar ante una curandera y le hace enviar un salvoconducto para que venga a verle, pues está gravemente enfermo. Pero Jeanne no ha venido a hacer milagros: ha venido para responder a la llamada de Dios que no espera de ella una acción milagrosa; todo lo que ella haga se cumplirá, por así decir, a fuerza de puños. Ella se contenta con exhortar al duque a una mejor conducta (él había abandonado a su esposa por una muchacha de la que tenía cinco bastardos) y, aprovechando la ocasión, le pregunta si su yerno no vendría en socorro del delfín. Después de esto, se despide prontamente y vuelve a Vaucouleurs, siempre escoltada por el fiel Durand Laxart.

Al llegar, constata que la atmósfera ha cambiado. Todo el mundo habla de ella en la pequeña ciudad. Robert mismo está influenciado por tanta confianza y una voluntad tan manifiestamente obstinada de ir junto al rey; toma una última precaución: va a hacerla exorcizar; acompañado por un sacerdote debidamente revestido de estola y provisto de agua bendita. Juana se acercará al sacerdote y se pondrá de rodillas: esa era la señal que el sacerdote había pedido; todos quedan tranquilos. Baudricourt se resigna a dejarla partir con una pequeña escolta, por lo demás espontáneamente constituida. Ahí van Jean de Metz y su valet —un tal Jean de Honnecourt—, Bertrand de Poulengy que lleva también a su valet —llamado Julien—, un mensajero real habituado a recorrer los caminos, de los que conoce bien los atajos y los peligros —llamado Colet de Vienne—, y finalmente un cierto Richard l'Archer. Robert acompaña a la pequeña escolta hasta la puerta de Francia y se despide de la extraña muchacha que ha soportado tanto sus sarcasmos como sus perplejidades: «¡Vete, vete, y que pase lo que pase!».

Unos seiscientos kilómetros que recorrer, en su mayor parte en una región donde los ingleses y los borgoñones (lo que viene a ser lo mismo) están por doquier, donde su guarnición tiene las ciudades y sus soldados recorren los campos: una verdadera hazaña. Sin embargo, para Jeanne, es quizá otra la prueba más difícil: cabalgar con estos seis hombres —para ella, la pequeña campesina que apenas ha dejado su pueblo hasta entonces— es sufrir la temible prueba de la vida cotidiana.

Los dos jóvenes señores, Jean de Metz y Bertrand de Poulengy, harán posteriormente sus confidencias a una mujer, Marguerite La Thouroulde, cuyos testimonios son extraordinarios de buen sentido y claridad; es la esposa de un consejero del rey, Régnier de Bouligny; y Jeanne será alojada en Bourges, en su casa, algo más de tres semanas. Marguerite nos cuenta: «Los que la llevaron al rey […], al principio la creían presuntuosa, y era su intención ponerla a prueba. Pero cuando se pusieron en camino para llevarla, se dispusieron a hacer todo lo que quisiera Jeanne, y tenían tantas ganas de presentarla al rey como ella misma. Y no hubiesen podido resistirse a la voluntad de Jeanne. Decían que al principio quisieron solicitarla carnalmente. Pero en el momento en que querían hablarle, les daba tanta vergüenza que no osaban hablar de eso ni decirle palabra». Ellos mismos han dicho los sentimientos que les invadían: «Yo estaba muy impresionado por sus voces, cuenta Bertrand de Poulengy, pues me parecía que ella era enviada de Dios y no vi jamás en ella ningún mal. Sino que siempre era tan virtuosa que parecía una santa». Y Jean de Metz precisa por su parte: «En camino, Bertrand y yo nos acostábamos cerca de ella, y la Pucelle dormía a mi lado con su jubón y sus calzas. Y yo la temía tanto que nunca me hubiese atrevido a solicitarla. Y juro que jamás tuve hacia ella deseo ni movimiento carnal».

La cabalgada durará once días. Ella era prudente. «Teníamos miedo a causa de los soldados borgoñones e ingleses que andaban por los caminos, y avanzamos durante la noche para salir del país, el primer día». Jeanne tiene un deseo: «Ella nos decía con frecuencia: "Si pudiésemos oír misa, haríamos bien"». Pero se trataba de cabalgar a pesar de las «ansiedades» que tuviesen por el camino, y no pudieron oír misa más que dos veces. La primera vez en Auxerre, cuando ya habían recorrido la mayor parte, luego en Sainte-Catherine-de-Fierbois, donde ya se encuentran en país amigo, en territorio que reconoce al rey de Francia. En este momento la prueba ha casi terminado. Jeanne dicta entonces una carta al delfín mismo, pidiéndole recibirla. Esta carta no la tenemos. Probablemente Colet de Vienne, de quien es la función, pues es el mensajero real, habrá sido enviado delante para llevar la carta a Chinon, a fuerza de espuelas. Los demás debieron descansar un poco. Jeanne declara que una vez en Sainte-Catherine-de-Fiebrois, ella oyó tres misas, lo que supone que habrá permanecido allí más tiempo que en otra parte.

Pero hay que hacer justicia aquí ante todas las tonterías que se han escrito o filmado a propósito de esta llegada de Jeanne a Chinon. La más grosera, porque no tiene ninguna cuenta de la verdad histórica y trastoca el orden de los hechos, es la del escenario imaginado por Pierre Moinot para el *film* sacado de la novela que él titula *Le Pouvoir et l'Innocence* (*El poder y la inocencia*). Ahí, cambiando del todo la situación, el novelista indica que el rey mismo, futuro Charles VII, ha *hecho ir* a Jeanne a Chinon. Ella está por otra parte muy indecisa sobre lo que debe hacer, pero un frailecillo —visiblemente inspirado por las travesuras de un Umberto Eco (*El nombre de la Rosa*, etc.)— le confía *su* misión y la sacraliza con lo que se puede llamar un anillo mágico que le pone en el dedo y que permitirá a Jeanne acordarse de que ella está enviada por los monjes para maldecir a los obispos. Sobre eso, el rey Charles VII, al que se presenta como un débil mental, o poco falta, hacer ir a esta Jeanne de su Domrémy natal. En efecto, su suegra, Yolanda de Aragón (aquí el préstamo se hace de las tesis de Philippe Erlanger, bien entendido) le afirma que esta muchacha tendría todos los poderes del mundo si es verdaderamente virgen... Efectivamente, Jeanne, embarcada en la aventura de grado o por fuerza (ella hubiese preferido visitar las ciudades a su paso) escapa a una emboscada urdida en su camino por el malvado La Tremoille. ¿Por qué? Porque la virginidad confiere el don del milagro, sencillamente. Donde la cosa deviene risible es que una vez Jeanne en Chinon, la reina de Sicilia, Yolanda en persona, va a proceder al examen de su virginidad. Hubiéramos pasado en silencio este inverosímil galimatías de errores de todo género si el filme, proyectado en televisión, no hubiese confundido a algunos espíritus, según hemos comprobado. Es el ejemplo tipo de esos novelistas que recurren a la deformación de los personajes históricos, a falta de imaginación o por buscar una publicidad fácil cuando sobre un personaje de ficción se pega la etiqueta «Jeanne d'Arc».

No es esta ciertamente la primera deformación que se ha hecho sufrir al personaje y, estemos seguros, no será la última. Es incluso curioso ver a este propósito el esfuerzo que se pone para no aceptar la verdad tal cual es. Es evidente que esta partida de Jeanne para una misión que contrasta con su estado de campesina plantea un problema inicial. Y no menos exacto que este problema se presenta tal como lo han expuesto los testigos del tiempo, los que hemos citado.

Inútil decir que el rey, su entorno y generalmente todos sus contemporáneos, de cualquier opinión o estatus social que fuesen, han quedado tan sorprendidos como nosotros mismos al conocer que la Pucelle «acudía junto al noble delfín para levantar el asedio de Orleans y conducir al delfín a Reims para que sea coronado». Pues el rumor circulaba desde que Jeanne había llegado al país «armañac», es decir, aliado a la corona de Francia. Este rumor, que se propagó con la rapidez que nos asombra siempre en estas épocas de transmisión oral, llegó incluso al defensor de Orleans, Jean le Bâtard.

Pues, queriendo completar su conquista, los ingleses han sitiado, en el mes de octubre de 1428, a la ciudad de Orleans, llave del río Loira, y por tanto de estos países del otro lado del Loira donde se ha refugiado el pretendiente al trono, Charles VII que, para burlarse, se le llama el rey de Bourges. El Loira no ofrece, en efecto, más que dos puentes cómodos para una invasión procedente de Normandía o Île-de-France: Angers y Orleans. El «regente de Francia», Jean, duque de Bedford (había tomado este título en 1422, a la muerte del rey Henri V que no dejaba por heredero más que a un bebé de unos diez meses, el futuro Henri VI) hubiera preferido que el ejército se dirigiera hacia el sur por Angers, pues él se había atribuido el ducado de Anjou cuya conquista no estaba terminada. Pero Orleans ofrecía una situación estratégica muy preferible: una vez tomada la ciudad, se pasaba sin dificultad a Bourges, y de ahí hacia Guyenne, que era inglesa por derecho de herencia y por la que los soberanos ingleses debían solamente homenaje al rey de Francia.

El parecer de los consejeros militares prevaleció y, desde el 12 de octubre de 1428, se había emprendido el asedio, apoderándose los ingleses de la principal fortificación que defendía el puente sobre la margen izquierda del Loira, lo que se llamaba las Tourelles, mientras acometían metódicamente todas las puertas de la ciudad propiamente dicha, de las que solo una debía llegar a quedar libre, la que se llamaba la Puerta de Borgoña, situada al este de Orleans. No cabía duda para nadie que asedio de Orleans conduciría al mismo resultado que el de Rouen que, desde la fecha de 1418, había entregado literalmente al rey de Inglaterra la Normandía. Y quizá las malas noticias llegadas de estas orillas del Loira habían influido en la decisión de Baudricourt que veía ahí, como todo el mundo, el acto final de la conquista inglesa. Y todo esto no sucedía sin levantar alguna indignación, pues el señor natural de Orleans, Charles, el poeta, había sido hecho prisionero en Azincourt. Y los usos de la caballería —es verdad que bien olvidados desde hacía dos siglos— querían que se respetase la ciudad cuyo señor estuviese prisionero del enemigo. Es Jean, hermano natural de Charles (Louis d'Orléans lo había tenido de una relación con Mariette d'Enghien), quien acudió a defender el feudo orleanés. Según el uso, se le llamaba el Bâtard d'Orléans, y es así como él firma sus cartas.

El caso es que Jeanne, habiendo pasado el Loira en Gien, llega a Chinon. ¿En qué fecha exactamente? Se discute. En efecto, se está seguro de que la cabalgada desde Vaucouleurs ha durado once días. En cuanto a la partida, ha tenido lugar, según la expresión de Jean de Metz, «en torno al domingo de Bures», es decir, el primer domingo de Cuaresma que, en aquel año de 1429, caía el 12 de febrero. La mayor parte de los historiadores han situado la llegada de Jeanne a Chinon en el 6 de marzo. Un erudito, sin embargo, Pierre Boissonnade, retiene la fecha del 23 de febrero, indicada por un cierto escribano de La Rochelle, el cual parece haber anotado día a día los acontecimientos. Luego redactó una crónica, esa desde el mes de septiembre de 1429. Pero hay que decir que varias fechas indicadas por ese escribano son inexactas. Se puede dudar, pues, entre el 25 de febrero y el 6 de marzo de 1429, al menos para la recepción de Jeanne por el rey.

«Llegué (a Chinon) hacia la hora de mediodía, declara la misma Jeanne, y me alojé en una hostelería. Y después de la comida, fui a mi rey que estaba en el castillo». Sin embargo, parece bien que entre su llegada y su recepción —muchos testigos presentes en la entrevista lo atestiguan— pasó algún tiempo. Jeanne ha podido indicar con esas palabras a qué horas tuvieron lugar su llegada y después, tras un plazo que ella no subraya, su entrevista con el rey en el castillo.

Al mismo tiempo que la carta de Jeanne, un mensajero le había traído directamente al rey una carta de Robert de Baudricourt, poniéndole al tanto de los dichos, hechos y gestas de ella. Parece que el rey haya consultado con su entorno y que la opinión general fuese que, en el punto en que se estaba, podía recibir a esta muchacha desconocida que se decía enviada por Dios.

«Era una hora avanzada», según testimonio de Jeanne, cuando ella fue autorizada a subir hasta la gran sala del castillo de Chinon, donde el rey había reunido aprisa a sus consejeros, los caballeros que se encontraban en el castillo, los prelados que había podido encontrar, toda una multitud que, sin duda habría podido intimidar a un personaje menos decidido que Jeanne y menos seguro de su misión. Se ha contado incluso –poco después del evento, pues el cronista oficial del rey, Jean Chartier, nos lo ha referido– que el rey se había mezclado con la gente de la corte y había intentado inducir a la «pastorcita» a error señalando a uno de sus familiares como si este fuese el rey, lo que no había impedido a Jeanne doblar la rodilla ante él entregándole el mensaje por el que había venido: «Muy noble señor delfín, he venido y soy enviada por Dios para traer socorro a vos y a vuestro reino».

Uno de los testimonios más precisos, y probablemente más exacto, es el que presta alguien que no estaba presente en el evento: precisamente ese Jean Pasquerel, un eremita de san Agustín al que el filme antes citado convirtió en franciscano, autor incluso de la misión de Jeanne. En realidad, ese Jean Pasquerel ha existido. Se convirtió en el confesor de Jeanne cuando ella lo encontró un poco más tarde, en Tours, donde estaba su convento; luego él la siguió y asistió en todas sus campañas hasta el momento en que la apresaron. Ciertamente recibió sus confidencias y nos cuenta las palabras de la entrevista de la manera siguiente: «Gentil delfín, me llamo Jeanne la Pucelle y os manda el Rey de los cielos por mí que seáis consagrado y coronado en la ciudad de Reims, y seréis el lugarteniente del Rey de los cielos que es rey de Francia». Y después de otras preguntas del rey, Jeanne le dijo de nuevo: «Yo te digo, de parte de Messire, que tú eres el verdadero heredero de Francia e hijo de rey». Algunas dudas se habían expresado sobre la legitimidad de Charles. Y desde hacía siete años (su padre, Charles VI, había muerto en 1422) él reivindicaba su reino que visiblemente se le escapaba cada vez más. «Oído esto, prosigue Jean Pasquerel, el rey dijo a los asistentes que Jeanne le había dicho algunos secretos que nadie sabía y no podía saber a no ser Dios. Por eso, él tenía gran confianza en ella. Todo eso, añade Jean, lo he oído por boca de Jeanne, pues yo no estuve allí presente».

Según otros asistentes, en efecto, habría tenido lugar un coloquio cara a cara entre el rey y Jeanne. Y la mayoría dice: «Después de oírla, el rey parecía radiante».

¿Cuál podría ser este secreto revelado al rey por Jeanne? Es evidente que los autores de hipótesis han discurrido mucho sobre este asunto. El colmo del absurdo ha sido, evidentemente, pretender que Jeanne, en la circunstancia, se habría revelado como una hermana bastarda de Charles VII. Se sabe que esta tesis ha visto la luz a comienzos del siglo XIX en la cabeza de un subprefecto que se creía dramaturgo y había escrito una pieza de teatro en la cual Jeanne d'Arc se presentaba como hija bastarda de Isabeau de Bavière y de Louis d'Orléans[1]. Un rey que duda de su legitimidad —tranquilizado por una bastarda—, difícil imaginar una situación tan ridícula. Jeanne fue largamente interrogada

---

[1] Se trata de un tal Caze, subprefecto de Bergerac; la tesis ha sido retomada por múltiples autores, y refutada por todos los historiadores. Se puede consultar a este propósito la obra de Yann Grandeau, *Jeanne insultée. Le procès en diffamation*, Albin-Michel, París 1973.

por sus jueces en Rouen para saber lo que había dicho al rey; nunca recibieron de ella la menor respuesta a este propósito: «Vosotros no lo sacaréis de mi boca», les declaró. Ella sustrajo expresamente del juramento que se le hizo prestar al comienzo de los interrogatorios el tenor de las revelaciones que hizo al rey Charles por orden de sus voces. No se tiene sobre el asunto más que una sola y vaga indicación, proveniente de una confidencia del señor de Boissy, chambelán de Charles VII, llamado Guillaume Gouffier. En su vejez, el rey le habría confiado que, en el tiempo en que se encontraba en plena angustia, un día solo en su oratorio, había pedido ardientemente a Dios que le permitiese, si él era en verdad heredero de la casa de Francia, «si era su voluntad, guardarle y defenderle... y le diese la gracia de escapar sin muerte ni prisión y se pudiese salvar en España o en Escocia que eran desde la antigüedad hermanos de armas y aliados de los reyes de Francia. Pues, la Pucelle le había revelado esta oración que ella no podía conocer si no fuese por inspiración divina».

Este destello de alegría en un rostro generalmente sombrío —y que tenía algunas razones para estarlo— sigue una decisión inmediata: desde la mañana siguiente, en efecto, Jeanne, que ha sido invitada a alojarse en el castillo mismo, se enterará de que el rey ha decidido llevarla a Poitiers para hacerla examinar por clérigos y maestros de la universidad de París, replegados en «zona libre»: se trata de, entre los universitarios, los poco numerosos que no se han dejado comprar por el invasor. Pues desde el principio de la ocupación inglesa la universidad se ha convertido en el principal apoyo del ocupante con el duque de Borgoña, del que esta siempre había aprobado los hechos y gestas —a comenzar por el asesinato del duque de Orleans por su primo, Jean sans Peur (Juan sin Miedo), para quien un universitario famoso, el maestro Jean Petit, había compuesto una defensa tan hábil como prolija demostrando que esa muerte era buena para el reino—.

El rey, sus consejeros más íntimos y con ellos Jeanne dejan el castillo de Chinon tres o cuatro días más tarde y acuden a la ciudad de Poitiers, donde Jeanne, durante tres semanas al menos, sufre un verdadero «proceso». Se trata de sondear las intenciones, y si es necesario los pensamientos ocultos de esta muchacha que, después de todo, no es quizá más que una iluminada; o peor aún, un agente del enemigo. Ella está alojada en la casa de un abogado del rey, antes en el Parlamento de París, maestro Jean Rabateau, y algunas mujeres son secretamente encargadas de vigilar su conducta, ver cómo se comporta cuando está sola; mientras que, varias veces, sufrirá las preguntas de maestros y prelados. Uno de ellos, Seguin Seguin, un dominico que enseñaba teología, vivía aún en 1456 y recordaba perfectamente las cuestiones que planteaba a Jeanne y sus respuestas. «Yo le preguntaba qué lenguaje hablaba su voz. Ella me respondió: "Mejor que el vuestro". Yo, explica él humildemente, yo hablaba limosín. Y de nuevo, le preguntaba si ella creía en Dios. Ella me respondió: "Sí, mejor que vos"».

Basta decir que la campesinita no se dejaba desconcertar por estos eminentes maestros. La respuesta clave se la da a maestro Guillaume Aimeri, dominico él también, que le señaló: «Tú has dicho que la Voz te ha dicho que Dios quiere librar al pueblo de Francia de las calamidades en las que está. Si él quiere librarle, no es necesario tener hombres de armas». Y entonces Jeanne respondió: «En nombre de Dios, los hombres combatirán, y Dios dará la victoria». «Con esta respuesta —cuenta el narrador—, el maestro Guillaume se quedó contento». Podía estarlo en efecto. Era señalar de manera genial el punto de partida entre la acción divina y la humilde acción nuestra, que somos «los sarmientos de la viña», como dice el Evangelio, y que debemos, como todo buen sarmiento, dejar brotar la uva que la Viña quiere producir por nosotros.

Pero Seguin Seguin quedó muy impresionado por los cuatro puntos sobre los que Jeanne tomaba una especie de compromiso: «Primero, dijo que los ingleses serían derrotados, y que el asedio ante la ciudad de Orleans se levantaría, y que la ciudad de Orleans sería liberada de los ingleses [...]. Ella dijo luego que el rey sería coronado en Reims [...]. En tercer lugar, que la ciudad de París volvería a la obediencia del rey, y que el duque de Orleans volvería de Inglaterra. Todo eso, concluía el viejo monje, lo he visto cumplirse».

Por desgracia para la Historia, no nos queda apenas más que su deposición para evocar, es verdad que de manera muy viva, este primer proceso a Jeanne, llevado a cabo en Poitiers en el mes de marzo de 1429. Según el uso, había sido puesto por escrito y registrado. Más de una vez, durante el proceso de Rouen, Jeanne se remitirá a él: «Eso está en el libro de Poitiers, dirá sobre algunas preguntas, cuando los jueces insisten; eso está por escrito en Poitiers». Pero es probable que se hubiera producido un solo ejemplar, y este ejemplar habrá desaparecido. Incluso se ha acusado al triste Regnault de Chartres, arzobispo de Reims, que presidía los interrogatorios, de haberlo destruido cuando apresaron a Jeanne. Eso sería apropiado en la lógica del personaje, que no dudó en colgar sus hábitos en más de una ocasión. Gran pérdida la del texto, pues las preguntas las hacía gente de buena fe, y Jeanne no dudaba ante ellos de responder en toda libertad: situación inversa a la de Rouen, dos años más tarde, en 1431. No poseemos más que el texto de las conclusiones remitidas por los doctores de Poitiers al rey, que decían «que en ella no se encuentra ningún punto de mal, sino solamente de bien, humildad, virginidad, devoción, honestidad, simplicidad».

Fue también en Poitiers donde Juana sufrió el examen de virginidad bajo el control de dos damas que formaban parte de la corte de Yolanda de Aragón y de las que se conocen los nombres: Jeanne de Preuilly, dama de Gaucourt, y Jeanne de Mortemer, dama de Trêves. Lo que motiva este examen de virginidad es que Jeanne se hace llamar Jeanne la Pucelle, es decir, la virgen. Si hubiese sido constatado que no lo era, habría sido descubierta la mentira, y se hubiera anulado la confianza depositada en ella. Inútil llegar a sospechar, como han hecho algunos universitarios sin pestañear, que hubiese sido convencida de brujería, teniendo las brujas, al parecer, comercio con el diablo. Hay que creer que la ciencia de los sabios doctores va a buscar bien lejos explicaciones escandalosas sobre asuntos sin embargo muy simples: si Jeanne no hubiese sido virgen, se hubiera visto en ella, sencillamente, una muchacha de soldados.

El caso es que la estancia en Poitiers hace de ella un personaje al que se puede, por imposible que parezca, conceder confianza hasta el punto de ponerla al frente de un ejército.

# 3.
## LLEVADME A ORLEANS, OS MOSTRARÉ EL SIGNO PARA EL QUE HE SIDO ENVIADA

LA LLEGADA DE JEANNE a Chinon, la decisión de ponerla a prueba y de considerarla jefa de guerra habrán determinado todo un movimiento en el rey de Francia y sus partidarios, abrumados hasta entonces por la sucesión implacable de las derrotas —la última ha sido esta famosa «jornada de los arenques»: el ataque a un simple convoy de avituallamiento el 12 de febrero de 1429—, un desastre que llegó al ridículo; las fuerzas francesas y el batallón escocés que se unió a ellas fueron derrotados por el puñado de ingleses que escoltaban el convoy. Por falta de disciplina en la acción, el Bastardo de Orleans fue herido en el primer encuentro. Una verdadera psicosis de derrota se instaló desde entonces y los burgueses de Orleans enviaron una delegación al duque de Borgoña pidiéndole respetar su ciudad, cada vez más reducida al hambre. El duque —entonces es Philippe le Bon— se contentó con retirar su propio contingente del ejército de los sitiadores, pero no se sabe ni la clase ni la cantidad de fuerzas que había enviado allí, y la continuación del asedio no parece haberse alterado por eso.

El delfín —es así como Jeanne le llama y precisa que no le llamará rey hasta que sea consagrado por la unción en la ciudad de Reims, como sus antepasados— salió pues de su apatía y su suegra, Yolanda de Aragón, decidió participar en el esfuerzo en el aspecto financiero. Se va a formar un ejército. Jeanne es considerada realmente jefa de guerra: el rey le da un intendente, Jean d'Aulon, dos pajes, Louis de Coutes que ya ha sido dedicado a su persona en el castillo de Chinon y otro llamado Raymond y, lo que es muy importante, dos heraldos, dos mensajeros, llamados uno Guyenne y el otro Ambleville. Esto es reconocerle una función, es un poco como hoy, un funcionario superior tiene derecho a un despacho, a un coche.

Cuando se la interrogaba en Poitiers, Jeanne, impaciente por actuar, decía a los que le pedían «un signo de lo suyo»: «En nombre de Dios, no he venido a Poitiers para dar un signo, pero conducidme a Orleans, os mostraré los signos para los que he sido enviada». Sin embargo, como Orleans es ciudad asediada y no se podrá entrar en la ciudad más que con un ejército, Jeanne es primero llevada a Tours, donde se la equipará militarmente: se le hará un «arnés adecuado para su cuerpo», es decir, una armadura con sus medidas. En la actualidad, sigue existiendo en la ciudad la «calle del hombre armado», donde se encontraba el armero encargado de esta tarea. Jeanne, por su parte, se hace confeccionar en la misma ocasión un estandarte y una bandera. La descripción del estandarte es bien conocida: representaba «la imagen de

Nuestro Señor sentado en el Juicio en las nubes del cielo y había un ángel pintado teniendo en sus manos una flor de lis que la imagen bendecía». Así lo describe Jeanne, precisando que estaba hecho de «blanco bucasín», es decir, de tela fuerte de color blanco. Es con este estandarte en la mano como ella subirá al asalto, pues lo declara también: «Yo tomaba el estandarte en mano cuando se iba al asalto para evitar matar a nadie. Nunca he matado a nadie». También declara que prefería «ver cuarenta veces su estandarte que su espada».

Sin embargo, Jeanne tuvo también una espada que tiene su historia. En efecto, estando en Tours, ha enviado a buscar en Sainte-Catherine-de-Fierbois una espada, precisando que la encontrarían en el suelo detrás del altar. Efectivamente, «la espada ha sido encontrada, los prelados del lugar la han hecho frotar y enseguida la herrumbre salió sin dificultad. Esta espada estaba marcada con cinco cruces». Es la que Jeanne ha llevado cuando la liberación de Orleans. La gente de Tours hizo confeccionar para esta espada dos vainas: «Una de terciopelo rojo y otra de paño de oro, y yo, añade ella, pedí otra de cuero bien fuerte».

En cuanto a su bandera, tiene un fin únicamente religioso. Lleva «la imagen de Nuestro Señor crucificado» y alrededor de la bandera «dos veces al día, por la mañana y la tarde, Jeanne hacía reunirse a todos los sacerdotes, y una vez reunidos, cantaban antífonas e himnos a santa María y Jeanne estaba con ellos. No quería que los soldados se mezclasen a los sacerdotes si no se habían confesado y exhortaba a todos los soldados a confesarse para asistir a esta reunión». Tenemos aquí el testimonio de Jean Pasquerel, el fraile agustino que encontró Jeanne en Tours. Él volvía entonces del Puy donde había conocido a un grupo de peregrinos, entre los que se encontraba la madre de Jeanne, Isabelle Romée. Hay que decir que esta peregrinación del Puy era muy célebre en toda la cristiandad: tenía lugar cada vez que el Viernes Santo caía el 25 de marzo, día de la Anunciación. Ese fue el caso en el año 1429. Isabelle Romée había insistido para que este «buen padre», que debió producirle la mejor impresión, se ocupase de Jeanne, puesto que él estaba en Tours donde ella habría sabido que habían llevado a su hija. No es inútil después de las elucubraciones de Pierre Moinot precisar que Jean Pasquerel vio entonces a Jeanne por primera vez.

En cuanto a la actitud de Jeanne en medio de los soldados, nos la refiere uno de ellos, Gobert Thibault, que no es un gentilhombre, pero representa en el entorno de Jeanne al combatiente medio: «Jeanne era buena cristiana, dice; oía con gusto la misa cada día y recibía a menudo el sacramento de la Eucaristía. Se irritaba mucho cuando oía jurar [...]. En el ejército, estaba siempre con los soldados y he oído decir a varios familiares de Jeanne que nunca habían tenido deseo de ella, es decir —explica él con mucha finura—, que a veces tenían voluntad carnal, sin embargo, nunca osaron dejarse ir y creían que no era posible desearla; y con frecuencia cuando hablaban entre ellos del pecado de la carne y decían palabras que podían excitar a la voluptuosidad, cuando la veían y se acercaban a ella, no podían seguir hablando y de repente se detenía su deseo carnal. He preguntado sobre este asunto a varios de ellos que a veces durante la noche se acostaron cerca de Jeanne y me respondían como ya he dicho, añadiendo que nunca habían sentido deseo carnal en el momento en que la veían». Dicho de otro modo, la soldadesca que está en el entorno de Jeanne es consciente de una suerte de poder de pureza que emana de ella; en su presencia, los hombres se ven llevados a dominar sus sentidos.

El testimonio se completa por el de Marguerite La Touroulde que dirá, hablando de la estancia de Jeanne en su casa en Bourges, al regreso de la coronación, «ella estuvo en mi casa por espacio de tres semanas durmiendo, bebiendo y comiendo; y casi cada día yo dormía donde Jeanne y no he visto nada en ella o notado ninguna alteración. Sino que ella se condujo y se comportaba como una mujer honesta y católica, pues se confesaba muy a menudo, oía con gusto la misa y con frecuencia me pidió ir a maitines, y a su instancia yo iba y la acompañé varias veces. A veces, añade, hablábamos reunidas y se le decía a Jeanne que sin duda ella no debía tener miedo de ir al asalto porque bien sabía que no la matarían. Ella respondía que no tenía más seguridad que cualquier otro combatiente...». Y añadía: «Varias veces la he visto en los baños y, por lo que he podido ver, creo que era virgen, y por lo que sé, era muy inocente». A eso se añade un rasgo de humor: «Muchas mujeres venían a mi casa cuando Jeanne vivía allí y traían rosarios y otros objetos de piedad para que ella los tocase; esto le hacía reír, y me decía: "Tocadlos vos misma, serán tan buenos por vuestro tacto que por el mío"».

Realizados rápidamente los preparativos, el ejército real se encontró dispuesto y concentrado en Blois hacia finales de este mes de abril. Los ingleses ocupaban el Loira (se recuerda que se han apoderado antes de la

43

fortaleza de las Tourelles en la margen izquierda para mejor atacar la ciudad y separarla de la margen aún francesa), el consejo de los capitanes prefiere atravesar el río por las tropas y llevarlas por la Sologne. Solo los víveres y equipos diversos serán cargados en barcos para llevarlos hacia Orleans. La mayor parte de esos barcos deberán enviarse desde la ciudad o un poco aguas abajo.

Para Jeanne, que ardía en deseos de emprender el asalto y comenzar la acción, se puede imaginar que todas estas precauciones y lentitudes debían ser exasperantes. No es hasta la tarde del viernes 29 de abril de 1429, cuando ella puede divisar a lo lejos el sitio de Orleans, poniendo pie a tierra en el pueblo de Chécy. Alguien la espera en la orilla. Jeanne lo apostrofa sin miramientos: «¿Sois vos el Bastardo de Orleans?

—Sí, lo soy y me alegro de que hayáis venido.

—¿Sois vos quien ha dado el consejo de que venga por este lado del río y que no vaya todo derecho allí donde están Talbot (el capitán inglés) y los ingleses?».

Sin duda un poco sorprendido por este contacto abrupto, el Bastardo responde: «Yo mismo y otros de los más sabios han dado este consejo, creyendo hacer lo mejor y más seguro.

—En nombre de Dios —responde Jeanne—, el consejo del Señor Nuestro Dios es más sabio y más seguro que el vuestro. Habéis creído engañarme, y sois vosotros sobre todo los que os engañáis, pues os traigo mejor socorro del que os pueda llegar de ningún soldado o ninguna ciudad, es el socorro del Rey de los Cielos».

Y, contando la escena, el que para la historia es Jean, señor de Dunois, recuerda que en el momento mismo de esta algarada, «el viento que era contrario y que impedía absolutamente que nos navíos remontasen, en los que estaban los víveres para la ciudad de Orleans, cambió y devino favorable... Desde este momento, añade él, he confiado en ella [Jeanne], más que antes».

Era importante este convoy de víveres, pues la ciudad ya conocía el hambre. El Bastardo, muy contento por este cambio que facilita las operaciones, pide entonces a Jeanne que cruce el Loira con él y entrar «en la ciudad de Orleans donde se la deseaba extremadamente»... «Entonces, dice él, Jeanne vino conmigo, llevando en su mano su estandarte que era blanco y sobre el cual estaba la imagen de Nuestro Señor teniendo una flor de lis en la mano. Ella atravesó conmigo y La Hire el río Loira, y entramos juntos en la ciudad de Orleans». La Hire del que habla tendrá su puesto al lado de Jeanne en toda la epopeya militar que va a seguir. Se trata de un señor meridional, Étienne de Vignoles, que ha dejado un recuerdo de valor, sazonado con alguna truculencia, y también de una fidelidad sin falla a la heroína, a la que ha apoyado, al parecer, desde el primer momento.

Jeanne hace pues desde esa tarde su entrada en la ciudad donde se habla mucho de ella desde que se supo la esperanza que promete: esperanza de liberación, capital para gente que sufre un «encierro» desde el mes de octubre precedente, y ya ha podido pensar que su suerte será semejante a la de la ciudad de Rouen, reducida por el hambre a la capitulación, once años antes. «Vinieron a recibirla las gentes de guerra, burgueses y burguesas de Orleans, portando gran número de antorchas y celebrándolo tanto como si hubiesen visto a Dios descender a ellos; y no sin motivo, pues tenían muchos apuros, trabajos y penas, y gran temor de no ser socorridos y perderlo todo, cuerpos y bienes. Pero se sentían ya muy reconfortados y como sin estar sitiados, por la virtud divina que se les decía estar en esta simple doncella que ellos miraban tan afectuosamente, tanto hombres, mujeres y niños, y había multitud que se apresuraba a tocarla, o al caballo que ella montaba [...]. Así la acompañaron a lo largo de su ciudad y ciudadela, con gran alegría; y con gran honor la condujeron todos hasta la puerta Regnard, al hotel de Jacques Boucher, entonces tesorero del duque de Orleans, donde fue recibida con mucha alegría con sus dos hermanos y dos gentileshombres y sus valets que habían venido con ellos del país de Barrois».

Este texto publicado por Jules Quicherat, al mismo tiempo que el de los dos procesos de Jeanne, está sacado del *Journal du siège d'Orleáns* (Diario del sitio de Orleans) –un relato que se compone de notas tomadas cada día, sin duda por un clérigo orleanés que ha vivido los acontecimientos–. Incluye indicaciones muy exactas, primero sobre los orígenes de Jeanne, de ese país «barrois», que confina con la Lorena, y también sobre su familia al mencionar a sus dos hermanos que se le unieron en Tours o en Blois más probablemente. Se sabe que Jeanne tuvo tres hermanos mayores, Jacques o Jacquemin, Pierre y Jean. Después de ella nació también una hermanita llamada Catherine que morirá joven; pero Pierre y Jean la sobrevivirán largo tiempo, así como su madre Isabelle. Finalmente, la precisión sobre el alojamiento de Jeanne en Orleans, la casa de Jacques Boucher, que también atravesó los siglos casi indemne, pues no fue destruida hasta el avance enemigo de 1940. Pero después de la guerra, André Malraux se ocupó para

que fuese reconstruida y eso con materiales antiguos
–cosa no difícil dada la enorme cantidad de materiales encontrados en el sitio en la reconstrucción de la
ciudad, de la que todo el centro había sido literalmente arrasado–. Se sabe que el alcalde de Orleans, René
Thinat, la había dedicado a una evocación permanen-
te de la vida y las victorias de Jeanne desde 1973, al
tiempo que instalaba en Orleans el *Centre Jeanne-d'Arc*,
centro de documentación histórica que reunía en mi-
crofichas la totalidad de los documentos del siglo XV
concernientes a Jeanne d'Arc y procedentes también de
Archivos departamentales y de la biblioteca municipal
de Orleans, así como de diversos depósitos, archivos
nacionales, Biblioteca nacional (estos microfilmados),
British Museum de Londres, Bibliothèque de Genève,
etc., donde se conservan los originales[2].

En esta casa con estructuras antiguas –reconstitui-
das fielmente gracias a las numerosas fotografías que se
habían tomado antes de la guerra–, que se alza hoy en
la plaza Charles de Gaulle, Jeanne residió durante su
estancia en Orleans.

Lo extraordinario es que esta permanencia haya sido
tan corta y que las esperanzas de los orleaneses, que se
sentían liberados del asedio, hayan sido tan rápidamente colmadas. Todavía hay que tener en cuenta que las
operaciones deseadas por Jeanne no se pudieron llevar a

---

[2] Más de trece mil documentos se encontraban allí reunidos en
1985, así como una biblioteca de más de diez mil obras y dosieres.
Gracias a este centro se ha preparado más de una tesis dedicada a Juana de Arco, entre otras la de Gerd Krumeich, publicada luego con el
título de *Jeanne d'Arc in der Geschichte-Politik-Kultur,* Thorbecke 1989.

cabo rápidamente, pues antes era necesario que el grueso de las tropas y el reavituallamiento, concentrado en Blois, se hubiese enviado a Orleans –operación que el Bastardo mismo tenía que realizar–. Tanto que Jeanne, tan deseosa de combatir, debió aún apretar el freno durante cuatro días; no es que quedase inactiva, sino que su actividad debió limitarse a ir a las murallas para reconocer las posiciones inglesas, los «boulevards» (fortificaciones formadas en general por fosos cubiertos por puentes de madera) que habían preparado, y a hacer disparar una flecha por encima de estas posiciones para que los ingleses le devolvieran al heraldo que les había enviado, Guyenne, portador de la famosa «Carta a los ingleses», enviada desde Poitiers, el jueves 5 de mayo de 1429. El heraldo había sido retenido prisionero por ellos, contra todas las leyes de la guerra.

Finalmente, el miércoles 4 de mayo el Bastardo vuelve. Vendrá a ver a Jeanne «después de comer», es decir a mediodía en el alojamiento que ella ocupa y le anuncia que un ejército inglés, mandado por el capitán John Falstaff está en ruta hacia Orleans, cosa que no parece alterar la convicción de Jeanne lo menor del mundo de que el asedio de Orleans se levantará rápidamente.

Ese mismo día, a primera hora de la tarde, Jeanne que está descansando un poco, oye un ruido de combate, llama a su paje Louis de Coutes, se hace armar enseguida por la señora de la casa y su hija, y mientras que Louis de Coutes llega con su caballo preparado, le envía a buscar su estandarte que ha dejado en el piso de arriba. Es de subrayar que, en el conjunto de ceremonias que conmemoran en el siglo XX la liberación de Orleáns, se repite siempre este gesto: uno de los pajes de la que es elegida «Jeanne d'Arc» del año le tiende, desde una ventana de la «Casa de Jeanne d'Arc», el estandarte que ella lleva[3].

En esta tarde del miércoles 4 de mayo, víspera de la Ascensión, hubo en efecto una escaramuza del lado de la «bastida» o fortaleza de Saint-Loup. Se trataba de una fortificación levantada por los ingleses sobre una isla del Loira, la isla de Saint-Loup, y destinada a bloquear algún día la antigua vía romana que conducía hasta la puerta de Borgoña, la única, lo recordamos, que había quedado libre. Esta progresión en el cerco hubiese definitivamente bloqueado la ciudad. Esta fortaleza se tomó —y fue la primera victoria obtenida por los franceses desde el comienzo del asedio—.

Al día siguiente, día de la Ascensión, observándose generalmente la tregua religiosa, no era cuestión de combatir. Jeanne la aprovecha para enviar su última intimación a los ingleses, tan categórica como la primera: «Vosotros, ingleses, que no tenéis ningún derecho sobre el reino de Francia, el Rey de los Cielos os ordena y manda por mí, Jeanne la Pucelle, que dejéis vuestras fortalezas y volváis a vuestro país o si no os haré tal hahay (traducimos por: asalto), del que quedará perpetua memoria. Esto es lo que os escribo por tercera y última vez y no escribiré más. Firmado: Jesús, María, Jeanne la Pucelle». Y la carta incluye un post-scriptum: «Yo os he enviado mis cartas honestamente, pero vosotros

---

[3] Es de notar también el error bastante divertido cometido en la película de Pierre Moinot, donde el guion muestra un ataque de noche, lo que es más bien risible: parece haber olvidado que no se vivía entonces en el tiempo de la electricidad.

detenéis a mis mensajeros, pues habéis retenido a mi heraldo Guyenne. Devolvédmelo y yo os enviaré a algunos de los vuestros, presos en la fortaleza de Saint-Loup, pues no todos están muertos».

La tarde de ese mismo día, Jeanne pide a su capellán, Jean Pasquerel, que se levante pronto al día siguiente de modo que ella pueda confesarse y oír misa antes del asalto que espera dar esta vez.

No sin dificultad, pues aunque ella había decidido atacar, las autoridades de la ciudad —en la persona del señor de Gaucourt— no eran de este parecer. La victoria obtenida del lado de Saint-Loup les parecía suficiente, por algunos días al menos. Él hizo guardar las puertas de la ciudadela ordenando que nadie saliese. «Jeanne, sin embargo, no estuvo contenta con esto», escribe un testigo, Simon Charles, un familiar del rey Charles VII. «Ella fue de la opinión de que los soldados debían salir con gente de la ciudad y dar asalto a la bastida» (de los Agustinos): un convento que había sido abandonado y parcialmente destruido en la margen izquierda, pero había sido recuperado por los asaltantes para garantizar mejor su principal posición, la famosa bastida de las Tourelles que protegía el acceso al puente de Orleans. «Muchos hombres de armas y gente de la ciudad fueron del mismo parecer». Hubo ciertamente un altercado entre Jeanne y Raoul de Gaucourt, «y contra la voluntad del señor de Gaucourt, los soldados que estaban en la ciudad salieron y fueron al asalto para invadir la bastida de los Agustinos que tomaron por la fuerza».

Parece que el orden de los acontecimientos haya sido primero un ataque a la bastida que se llamaba de Saint-Jean-le-Blanc. Estaba situada en la margen izquierda del

Loira, aguas abajo de la isla Saint-Loup, y por tanto de la plaza tomada la víspera. Los franceses que llegan allí con Jeanne la encuentran desguarnecida: al acercarse ellos, «los ingleses que estaban dentro, al percibir la llegada de los franceses, se fueron y se retiraron a otra más fuerte y mayor bastida, llamada la bastida de los Agustinos. Los franceses, viendo que no eran bastante fuertes para tomar esta bastida, resolvieron que se volverían sin hacer nada». Pero dos personajes se colocan delante para proteger la retirada: la Pucelle y La Hire. Estos, «cuando se percataron de que los enemigos salían de la bastida para correr sobre sus gentes, ellos que estaban siempre al frente de ellos para guardarlos, bajaron sus lanzas y comenzaron a atacar los primeros a los enemigos, y entonces todos les siguieron y comenzaron a atacar de tal manera que a la fuerza obligaron a los enemigos a retirarse y a entrar en la bastida de los Agustinos [...]. Muy ásperamente y con gran diligencia, la asaltaron de todas partes, de tal modo que en poco tiempo, la ganaron y tomaron al asalto [...]. Y así obtuvo la Pucelle y los que estaban con ella, victoria sobre los enemigos en ese día, y se ganó la gran bastida, y permanecieron delante de ella los señores y su gente, con la Pucelle, toda esta noche». Es así como Jean d'Aulon, el intendente de Jeanne, que ha tomado parte en el combate, nos ha hecho el relato.

Se ve cómo ha sido la acción. Jeanne se adelanta con La Hire para proteger la retirada después de que se haya decidido retirarse; para mejor proteger la retaguardia, ellos se vuelven contra el enemigo amenazando, y del mismo golpe arrastran a las tropas a remprender el ataque en lugar de replegarse. Es así como, llevados por un impulso invencible, toman ese día al asalto la más grande bastida, este convento de los Agustinos que protege directamente la fortaleza de las Tourelles. Toma importante e inesperada hasta el punto de que todo el ejército acampa allí esa tarde.

Una noche sorprendente seguiría. En la ciudadela, se mide el interés de una tal victoria y «los de Orleans se dan prisa en llevar toda la noche pan, vino y otros víveres a la gente de guerra que mantienen el sitio». Eso dejará huellas en los registros de cuentas del municipio, donde es cuestión de panes, jamones y otras vituallas llevadas a los que sostienen el asedio que acampan allí.

Pero una vez más, Jeanne deberá librar el más importante de sus combates: el que lleva contra sus propios partidarios. Su confesor, Jean Pasquerel, es testigo de esto. «Después de comer —dice él— vino a Jeanne un caballero valiente y notable del que no recuerdo el nombre. Dijo a Jeanne que los capitanes y soldados del rey se habían reunido en consejo y veían que eran poco numerosos respecto a los ingleses y que Dios les había hecho gran gracia con las satisfacciones obtenidas, añadiendo: considerando que la ciudad está bien provista de víveres, podríamos guardar bien la ciudadela esperando el socorro del rey y no parece indicado al consejo que los soldados salgan mañana. Jeanne respondió: "Vosotros habéis tenido vuestro consejo y yo el mío, y creed que el consejo de mi Señor se cumplirá y mantendrá, y ese otro consejo perecerá"». Ante estos soldados que quedan satisfechos con la menor victoria obtenida y que, acostumbrados a la derrota, consideran que se pueden quedar ahí, Jeanne no pierde de vista el objetivo esencial y quiere por el contrario aprovechar la ventaja obtenida. En lo que, por lo demás, los soldados la siguen. Esa tarde, ella advierte a su capellán que será herida al día siguiente, cosa que sucedió en efecto.

Desde el alba de este sábado 7 de mayo, Jeanne asistía de nuevo a misa, luego hacía reanudar el asalto, esta vez contra la principal fortaleza, la de las Tourelles, que bloqueaba la entrada del puente e impedía comunicar Orleans con la Francia del sur, donde estaba el rey, de donde venían los refuerzos. Como había predicho, fue herida «por una flecha por encima del seno y cuando se sintió herida, tuvo miedo y lloró». Según los procedimientos de entonces, se puso en la herida aceite de oliva y tocino y Jeanne volvió al combate. Pero las Tourelles estaban bien fortificadas. El Bastardo de Orleans debía testificar más tarde la dura jornada que fue la de este 7 de mayo de 1429. «El asalto duró desde la mañana hasta ocho horas de vísperas (primera hora de la tarde), tanto que no había apenas esperanza de victoria ese día. También yo me iba a detener y quería que el ejército se retirase hacia la ciudadela. Entonces la Pucelle vino a mí y me pidió esperar aún un poco. Ella misma, en ese momento, montó a caballo y se retiró sola a una viña bastante apartada de la multitud de los hombres, y en esta viña quedó en oración el espacio de la mitad de un cuarto de hora, luego volvió de ese lugar, agarró al punto su estandarte en mano, y se colocó en el borde del foso; y en el instante que estuvo allí, los ingleses temblaron y quedaron aterrorizados y los soldados del rey recobraron valor y comenzaron a subir, dando el asalto contra el boulevard sin encontrar la menor resistencia». Jeanne va a ver caer en el Loira y ahogarse al que ella llama Classidas, William Glasdale, que manda las fuerzas del asedio. «Movida a piedad, comenzó a llorar mucho por el alma de ese Classidas y de los demás que estaban allí, ahogados, en gran número y este día todos los ingleses que estaban más allá del puente fueron capturados o muertos».

Al anochecer de este sábado 7 de mayo de 1429, los franceses pudieron recuperar la ciudadela por el puente, este puente que les unía a la tierra de Francia y al rey legítimo. Había quedado en parte derribado y se debió repararlo, con muchas planchas y puntales, en las brechas que presentaba; pero la partida estaba ganada, las Tourelles se tomaron. «Todo el clero y el pueblo de Orleans cantó devotamente el *Te Deum* y sonaron todas las campanas de la ciudad, dando gracias muy humildemente a Nuestro Señor por esta gloriosa consolación divina». Jeanne, de regreso en la ciudad de Orleans, fue conducida a su alojamiento donde se curó su herida. La ciudad se vio «desasediada».

Hubo sin embargo aún algunas emociones al día siguiente: lo que llamaríamos un suspense, que duró una buena hora. En efecto, saliendo de las diversas bastidas, los restos del ejército inglés formaron en batalla, enfrentándose a las murallas de la ciudad. Jeanne y sus capitanes se apresuraron a formar igualmente a sus tropas. «Y en tal punto estuvieron muy cerca una de otra el espacio de una hora entera sin tocarse, lo que sufrieron los franceses de muy mala gana, obedeciendo a la voluntad de la Pucelle que les mandaba y prohibió desde el comienzo que, por amor y honor del santo Domingo, no empezasen la batalla, ni atacasen a los ingleses. Mas si los ingleses les atacasen, que se defendiesen fuerte y osadamente y que no tuviesen ningún miedo y que serían los amos». Así se expresa el autor anónimo del *Journal du siège d'Orleans*. Pero no; los ingleses iban a volver la espalda a la ciudad y se fueron en la dirección de Meung-sur-Loire, no sin abandonar en el sitio un cierto número de bombardas y otras artillerías, de las que se apoderaron algunos perseguidores contraviniendo las órdenes de Jeanne. Ella misma con los señores y la masa de las gentes de armas, del clero y del pueblo, acudió a la catedral y «todos juntos dieron humildes gracias a Nuestro Señor y alabanzas muy merecidas por los grandes socorros y victorias que Él les había otorgado y enviado contra los ingleses, antiguos enemigos del reino». Se sabe que esta procesión del 8 de mayo se renovó cada año a través de los tiempos, manteniéndose fiel la población de Orleans en su reconocimiento a la que le había procurado el inestimable bien de la liberación.

En cuanto a Jeanne, había proporcionado el signo que se le pedía. Los doctores de Poitiers a los que había respondido: «Llevadme a Orleans, os mostraré el signo para el que he sido enviada», podían ellos también estar satisfechos. Pero, más allá de la extraordinaria victoria que para ella no es más que un «signo», ella debe para cumplir su misión hacer consagrar al rey en Reims. Así que no se entretiene de ningún modo en Orleans. Desde el día siguiente, 9 de mayo, se apresura a acudir con el Bastardo y los otros capitanes al castillo de Loches donde está el rey.

# 4.
## VOS SERÉIS LUGARTENIENTE DEL REY DE LOS CIELOS QUE ES REY DE FRANCIA

JEANNE D'ARC HABÍA INVENTADO la guerra relámpago. Así también el levantamiento del sitio de Orleans, tan rápido, tan inesperado, ha encontrado eco en todo el mundo conocido, desde la alta literatura si pensamos en el poeta Alain Chartier, hasta las misivas de los mercaderes italianos, atentos a informar a sus casas madres sobre los próximos combates. Se encuentra incluso un relato detallado de su entrevista con el delfín en Loches en una crónica alemana contemporánea, que redactaba el tesorero del emperador Sigismond, llamado Eberhard de Windecken. Parece haberse seguido con mucho interés al otro lado del Rin todo lo que pasaba en Francia en la época.

Pero Jeanne debía sospechar que, por su parte, la partida no estaba ganada, pues necesitaba vencer los titubeos reales, los malos consejeros, todo lo que ella oía de intrigas, de disposiciones a la traición.

Las jornadas y las noches que pasaron después de este 8 de mayo han debido parecer largas a su impaciencia. El Bastardo de Orleans ha sido él mismo testigo de una entrevista que dice mucho sobre el estado de espíritu de Jeanne: «Me acuerdo bien —dice él— de que cuando el rey estaba en el castillo de Loches, yo iba con la Pucelle después de fin del sitio de Orleans y mientras que el rey estaba en su cámara, en la que estaban con él el señor Christophe de Harcourt, el obispo de Castres, confesor del rey (Gérard Machet) y el señor de Trèves que fuera en otro tiempo canciller de Francia (Robert Le Maçon), la Pucelle, antes de entrar en la cámara, llamó a la puerta y, en cuanto entró, se puso de rodillas y abrazó las piernas del rey, diciendo estas palabras u otras semejantes: "Noble delfín, no tengáis ya tanto y tan largo consejo, sino venid lo más pronto posible a Reims para recibir una digna corona"». Sigue una escena en el curso de la cual el rey y sus familiares se hacen de algún modo explicar las «voces», el «consejo» a los que Jeanne se refiere. Ella parece prestarse a eso con gusto (*volontiers*) y cuenta cómo en «su oración hecha a Dios, oía una voz que le decía: "Hija de Dios, va, va, va, yo te ayudaré, va". Y cuando oía esta voz, ella sentía una gran alegría y deseaba estar siempre en este estado […]. Y repitiendo así las palabras de sus voces, ella exultaba de manera maravillosa, levantando los ojos al cielo».

Lo que podía en todo caso animarla es el entusiasmo que manifestaban también los hombres de armas dispuestos a unirse al ejército real. Un escudero, del que ya hemos hablado, Gobert Thibault, cuenta: «Jeanne hizo reunirse gentes de armas entre la ciudad de Troyes y la de Auxerre, y se encontraron muchos, pues todos la seguían». No se puede pasar en silencio el refuerzo que le llegó entonces de Bretaña, país de Duguesclin, donde su recuerdo sigue muy vivo, y del que atestigua la carta escrita a su madre por Guy de Laval; tembloroso de entusiasmo, él cuenta cómo ha sido muy bien recibido por el rey y cómo ha visto a la Pucelle que «dio muy buena acogida a mi hermano y a mí». La entrevista tuvo lugar en Selles-en-Berry. «Se dice aquí, afirma su carta, que monseñor el condestable (este es Arthur de Richemont: hablaremos de él más tarde) viene también con seiscientos hombres de armas y cuatrocientos lanceros [...]. Y que el rey no tuvo nunca tan gran compañía como se esperaba aquí y que nunca fueron gentes de mejor voluntad a la tarea como van a esta».

Su antepasada, Anne de Laval, que fue la esposa de Bertrand Duguesclin, todavía vive. Se aprende además con ocasión de esta carta que Jeanne la Pucelle le ha enviado «un anillo de oro muy pequeño» —regalo que atestigua la fama que persiste de las victorias de antes, en este tiempo en que la esperanza se ha renovado tan increíblemente en torno al rey de Francia—.

Sin embargo, la partida para Reims no tendrá lugar tan pronto como Jeanne hubiese deseado: era evidente que desde el punto de vista estratégico no se podía aventurar más allá del Loira un ejército que las fuerzas inglesas hubiesen podido atacar por la espalda. Los capitanes al servicio del rey y la Pucelle con ellos, así como un príncipe de sangre, Jean, duque de Alençon, van pues a emprender una campaña de «limpieza» sobre Beaugency y Jargeau. Alençon habría acabado de pagar su rescate, puesto que pudo tomar parte entonces y no pudo hacerlo en el sitio de Orleans. Es él quien va a dirigir las operaciones. A las fuerzas inglesas reagrupadas se añadirá otro ejército del que el duque de Bedford, «regente de Francia», que reside entonces en París, dará el mando a Falstaff.

El primer asalto francés se da contra Jargeau, tomada el 10 de junio. Un refuerzo inesperado le llega al ejército francés, el de Arthur de Richemont con sus hombres. Condestable de Francia, está entonces en desgracia. Alençon piensa un instante en prohibirle tomar parte en la batalla o en retirarse él mismo. «Entonces Jeanne me dijo que necesitábamos ayudarnos». Su entrevista con el recién llegado merece ser contada, tal como lo hace el relato del cronista Guillaume Gruel, que estuvo presente. Richemont se dirige a la Pucelle: «Jeanne, me han dicho que vos me queréis combatir. No sé si estáis de parte de Dios o no. Si estáis de parte de Dios, no os temo en nada, pues Dios sabe mi buena voluntad. Si estáis de parte del diablo, todavía os temo menos». Y Jeanne le habría respondido: «Ah, buen condestable, no habéis venido por mí, pero ya que estáis aquí, seréis bienvenido».

Una vez más, están en la víspera de un combate decisivo. Llegan los ingleses «en muy buen orden», como dice el cronista Jean, Bastardo de Wavrin, que se encontraba en sus filas. Viendo a los franceses atrincherados en «una pequeña montañita», del lado de Beaugency, les envían dos heraldos que se oyen responder de parte de Jeanne la Pucelle: «Id a alojaros por hoy, pues es bastante tarde: pero mañana, con la ayuda de Dios y de Nuestra Señora, os veremos desde más cerca». Quedan pues la noche del 17 de junio de 1429 en sus posiciones respectivas. Según Jean Wavrin, que ha narrado cada fase de esta jornada del 18 de junio, el ejército inglés en tres cuerpos «cabalgaba en buen orden hacia Patay». Los señores son entonces advertidos «por los corredores de su retaguardia» que habían visto venir mucha gente detrás de ellos, que pensaban ser franceses. Entonces, para averiguar la verdad, «los señores ingleses enviaron algunos caballeros de los suyos que volvieron enseguida, y contaron que los franceses venían tras ellos rápidamente». Ellos se alinearon enseguida en batalla «a lo largo de los setos cercanos a Patay». Talbot que dirige la principal «batalla», la de vanguardia, elige un estrecho pasaje, «entre dos fuertes setos por donde convenía que pasasen los franceses».

Efectivamente, el ejército de los franceses está en camino: «Rápidamente venían los franceses tras sus enemigos a los que no podían aún ver, ni sabían el lugar donde estaban. Cuando por casualidad, los corredores de vanguardia vieron un ciervo salir del bosque, que tomó el camino hacia Patay y fue a encontrarse con la batalla de los ingleses de donde se alzó un fuerte griterío, pues no sabían que sus enemigos estuviesen tan cerca de ellos. Al oír el grito, los corredores franceses estuvieron ciertos de que allí estaban los ingleses y enseguida los vieron claramente. Enviaron algunos compañeros a anunciar a sus capitanes lo que habían visto y encontrado, haciéndoles saber que ellos cabalgan adelante en buen orden y que era hora de trabajar. Ellos se prepararon prontamente en todos los detalles y cabalgaron hasta que descubrieron del todo a los ingleses».

Estos últimos se apresuran para unirse a su vanguardia y cometen un error: «Messire Jean Falstaff cabalgando hacia su vanguardia para unirse a ellos, los de vanguardia creyeron que todo estaba perdido y que las batallas huían. También el capitán de vanguardia, teniendo como verdad que era así, con su estandarte blanco, él y sus gentes huyeron y abandonaron el campo. Pues, *messire* Jean Falstaff, viendo el peligro de la huida, conociendo que todo iba muy mal, tuvo la idea de salvarse, y le fue dicho en mi presencia que tomase cuidado de su persona, pues la batalla estaba perdida para ellos. Antes de que él partiese, los franceses habían derribado al señor de Talbot, le habían hecho prisionero, y todos los suyos estaban muertos, y estaban ya los franceses tan adelante en la batalla, que podían a voluntad capturar o matar lo que les pareciese. Y finalmente, los ingleses fueron destrozados con pocas pérdidas para los franceses…». Falstaff se dirigiría a Étampes, y Wavrin que pertenecía a su compañía le siguió. Esta huida iba a ser severamente juzgada y Falstaff perdió la insignia de la orden de la Jarretiera, a la que pertenecía y que no le sería devuelta hasta mucho más tarde. En cuanto a Talbot, fue hecho prisionero por la misma Jeanne.

Victoria inesperada y decisiva esta de Patay, el 18 de junio de 1429. No hubo más que tres muertos del lado francés, unos dos mil de los ingleses: la verdadera revancha de Azincourt.

En algún tiempo, el pánico se apoderó de los parisinos que «reforzaron la guardia e hicieron fortificar los muros, poniendo allí una cantidad de cañones y otras artillerías».

Nada se oponía ya a que el ejército francés, aumentado sin cesar por nuevas reclutas, tomase esta vez el camino de Reims. El rey, sin embargo, después de reunir sus tropas en Gien, allí permanecerá hasta el 29 de junio. Diez días insoportables para la impaciencia de la Pucelle que «estuvo muy contrariada, como cuenta el cronista del duque de Aleçon, Perceval de Cagny, de la larga estancia que él había permanecido en este lugar... y despechada, salió y fue a alojarse en los campos dos días antes de la partida del rey».

De hecho, se pueden comprender las vacilaciones reales, pues para llegar a Reims había que atravesar Borgoña. En la ruta, los nombres de las etapas sonaban de manera inquietante: Auxerre, Troyes, Châlons; era en Troyes donde Charles había sido apartado de la corona en beneficio del heredero de Henri V de Inglaterra; en cada ciudad, al mismo tiempo que los borgoñones, debía encontrarse probablemente una guarnición inglesa. De hecho, nadie se esperaba la facilidad con que se realizaría este viaje, sino Jeanne que estaba segura. Nada más significativo que el tono de la carta que ella envía a los habitantes de Troyes, una vez llegada a la localidad de Saint-Phal, a unos veintidós kilómetros: «Leales franceses, venid al encuentro del rey Charles y que nadie falte y no temáis por vuestros cuerpos, ni vuestros bienes, si lo hacéis así; y si no lo hacéis, yo os prometo y certifico sobre vuestras vidas, que entraremos con la ayuda de Dios en todas las ciudades que deben ser del Santo Reino y allí haremos buena paz firme, venga lo que venga en contra. A Dios os encomiendo, que Dios os guarde si le place. Respuesta brevemente».

En los hechos, nada permitía esta seguridad de lenguaje. Los habitantes de Auxerre no habían dejado entrar al ejército en sus muros, contentándose con entregarles víveres, los de Troyes parecían aún menos dispuestos a la pronta obediencia que Jeanne reclamaba.

Enviaron primero a *frère* Richard, predicador famoso, que se había provisto de agua bendita y a quien Jeanne se contentó de decir al verle de lejos trazar signos de cruz: «¡Acercaos sin miedo, yo no me echaré a volar!». En el interior de la ciudad, se temían represalias y se suponía también la actitud de la guarnición dejada por el duque de Borgoña. En el entorno de Charles, reinaba la división, y fue Jeanne quien, irrumpiendo en el consejo, decidió los acontecimientos:

«Noble delfín, ordenad que vuestra gente salga y asedie la ciudad de Troyes y no sigáis ya en largos consejos, pues en nombre de Dios, antes de tres días, os introduciré en la ciudad de Troyes, por amor o por fuerza o por valor, y la falsa Borgoña quedará estupefacta». Y tomó efectivamente disposiciones como si un asedio fuera a seguir, hizo llenar los fosos con ayuda de carretas y alinear su gente como para el ataque; ante esto, los habitantes, espantados por el precedente asedio de Orleans, se apresuraron a negociar por mediación del obispo de Troyes, Jean Léguisé. Este, ganado personalmente para la causa francesa, asistía al día siguiente a la entrada del rey en la ciudad rendida, famosa por el tratado de 1420. Charles fue recibido con gran pompa, así como Jeanne portando su estandarte.

Quedaba Châlons, donde el 14 de julio, en el momento mismo en que el heraldo real llamado Montjoie se presentaba, el obispo de Châlons, Jean de Montbéliard, venía a devolver a Charles VII las llaves de la ciudad. En cuanto a Reims, algunos fervientes partidarios del rey de Inglaterra, comprendiendo lo que iba a pasar, habían salido de allí apresuradamente; entre ellos, un cierto obispo de Beauvais llamado Pierre Cauchon.

En Châlons y en el camino de Reims, Jeanne iba a tener un encuentro emocionante: el de sus padres, Jacques e Isabelle, rodeados de varios vecinos de Domrémy, entre ellos su padrino Jean Moreau. Era habitual ver a las poblaciones acudir así cuando estaba prevista una ceremonia, sobre todo en el caso de una coronación, pero apenas resultaba extraño esta vez que habitantes de la lejana ciudad del Barrois como Domrémy hubiesen querido encontrar lugar allí. Jeanne tuvo tiempo de hacerle una confidencia a uno de ellos: «Ella decía que no temía nada a no ser la traición», contará más tarde Gérardin d'Épinal. La tarde de este 16 de julio, Charles hacía una entrada ya real en la ciudad de Reims, gritando los habitantes «¡Noël, Noël!» a su alrededor.

La consagración tuvo lugar al día siguiente, domingo 17 de julio. Jeanne debía estar muy cerca del estrado que, a toda prisa, para tales ocasiones, se preparaba cerca del altar, puesto que la pregunta siguiente se le planteó más tarde, no sin perfidia: «¿Por qué vuestro estandarte estuvo más cerca en la iglesia de Reims en la consagración del rey que los de los demás capitanes?». A la que Jeanne dará la respuesta que se ha hecho famosa: «Había estado en la pena, era razonable que estuviese en el honor». En adelante, Charles VII ya no iba a ser para ella solo el delfín, sino el rey.

Una sombra en el cuadro: Jeanne había escrito una carta al duque de Borgoña, Philippe el Bueno, para que viniese a ocupar su sitio en esta coronación con los demás pares del reino; él no había respondido. Ella le escribió de nuevo el día de la consagración, pidiéndole: «De parte del Rey del Cielo [...] que el rey de Francia y vos hagáis buena paz firme que dure largo tiempo.

Perdonaos el uno al otro de corazón enteramente, así como deben hacerlo leales cristianos», insiste ella.

Pero ese mismo día, en secreto, el rey Charles VII firmaba con los enviados del duque de Borgoña una tregua... de quince días. A cambio de la cual el duque prometía entregarle París. Para él como para Bedford, se trataba de ganar tiempo, pues un ejército de tres mil quinientos caballeros y arqueros desembarcaba de Inglaterra en Calais y se dirigía a París.

# 5.
## UN AÑO, APENAS MÁS

EN GIEN, DONDE ESTÁ de regreso el 21 de septiembre de 1429, Charles, en adelante el rey de Francia Charles VII, da la orden de disolver el estupendo ejército de la consagración. Para Jeanne, esto debió ser una dolorosa decepción. Mejor que nadie, ella medía todo lo que habrían podido conseguir estos hombres, ya ganados por su entusiasmo, y confiados en el éxito después de las asombrosas victorias de los meses precedentes. Sabemos por los cronistas del tiempo que se propusieron varios planes: el duque de Alençon insistía en acudir a Normandía con Jeanne. El rey rehusó; él entendía seguir en lo sucesivo *su* propia política. La consagración le hacía sentirse seguro de sí y su política estaba dominada por un deseo que cobraba fuerza de obsesión: reconciliarse con el duque de Borgoña, Philippe el Bueno. Para obtener esta reconciliación, no creía en las treguas ni en las concesiones. El duque era perfectamente consciente de esto y no pensaba más que en divertirse ganando tiempo y haciéndose otorgar, tanto por los ingleses como por los franceses, entre los que ocupaba una posición de árbitro, todas las ventajas posibles. Para comenzar, había exigido del rey Charles las plazas del Oise, Compiègne entre otras, que constituían para sus estados personales una frontera muy apreciable. En torno al rey se agitaban los consejeros que, como Georges de La Trémoille, preferían la inacción a los azares de la guerra… Y, sin embargo, los enemigos de Jeanne tramaban su plan de venganza.

Cuando se leen, en efecto, algunas memorias del tiempo, como el *Journal d'un bourgeois de Paris*, redactado día a día por un clérigo de la universidad, se comprende la inquietud y el furor que reinaban en los medios favorables al duque de Borgoña y al ocupante inglés. La universidad de París, colmada de favores y beneficios por el ocupante después de haberse entregado por completo al duque de Borgoña, consideraba una verdadera afrenta las victorias de Jeanne. Entre ellos, el antiguo rector, Pierre Cauchon, que había tomado parte personalmente en los disturbios del año 1413 contra la reina de Francia, Isabeau, y luego uno de los principales negociadores del tratado de Troyes, había elaborado todo un proyecto político para quitar el poder a una dinastía que él consideraba superada e incapaz, y fundar un orden nuevo que su cerebro universitario consideraba más adecuado al porvenir del reino: Francia e Inglaterra formarían en adelante una doble monarquía bajo la égida de los vencedores del día, los Lancaster, usurpadores felices, que habían probado en el campo de batalla de Azincourt su fuerza militar.

Nos encontramos aquí sin duda ante la primera de esas ideologías surgidas de las elucubraciones de intelectuales y no han cesado después de sucederse unas a otras hasta conducir, en nuestro siglo XX, a los desastres humanos y económicos que conocemos: las ideologías que comportan inevitablemente su cortejo de víctimas, en cuya primera fila hay que colocar a los que han sido engañados por su propaganda.

Ya en el siglo XV, poco tiempo antes del nacimiento de Jeanne, una mujer poeta e historiadora, Christine de Pisan, denunció enérgicamente lo que ella llama «Dame Opinion» −la propaganda a la que se entregan, para difundir sus ideas, los intelectuales factores de sistemas; ella la acusa de todas las «rebeliones, debates, conmociones y batallas» que agitan a los hombres de un mismo país y «los hace devenir como enemigos». De hecho, en el tiempo en que ella escribía, Francia comenzaba −era a principios del siglo XV− a partirse en dos, entre los partidarios del duque de Borgoña y los de la dinastía legítima, y los acontecimientos sucesivos no harían más que agravar esta profunda ruptura entre dos partidos opuestos. La mayoría de los universitarios, ya se ha visto, habían tomado la causa del duque de Borgoña, Jean sans Peur, luego Philippe el Bueno. Es a favor de estas disensiones internas como Henri V de Lancaster había irrumpido en el suelo de Francia, esperando por sus victorias asegurar a la vez el porvenir de su dinastía y llenar los cofres del reino. Los que, en el seno de la universidad parisina, tenían lo que llamaríamos «un alma de resistente», un Jean Gerson entre otros, habían huido y llegado a Poitiers, no sin hacerse suprimir de los cuadros de la universidad de París.

Pierre Cauchon podía pues considerar, al día siguiente del tratado de Troyes (20 de mayo de 1420), que su ideología personal, la doble monarquía, dos coronas –Francia e Inglaterra– sobre una misma cabeza, la del rey de Inglaterra, se realizaba plenamente; indiferente a los derechos legítimos, únicamente atento al orden político que él establecía, daba así satisfacción a los vencedores del día, Borgoña e Inglaterra, y es en esta ocasión cuando se hace otorgar el obispado de Beauvais en recompensa por sus buenos servicios. Es cierto que, dos años más tarde, la muerte del rey Henri V era un golpe para el sistema elaborado, pero ya había nacido el futuro Henri VI, destinado a ser «rey de Francia e Inglaterra», mientras que, dos meses después de Henri V, moría también el rey Charles VI, al que se había llamado «el Bienamado» y que en adelante sería «Charles el Loco». En cuanto a su hijo, apartado del reino por el tratado de Troyes, no parecía apenas temible.

Se puede imaginar con qué estupor el mismo Pierre Cauchon y sus acólitos de la universidad de París habían visto de repente amenazada su ideología; ¿y por quién? Por una mujer –el colmo del furor, pues, desde su creación a principios del siglo XIII, nunca la universidad de París había abierto su puerta a las mujeres–, y lo que es más, una campesinita de oscuro origen, que no sabía ni A ni B, según su propia expresión.

Al llegar a Chinon, Jeanne había declarado: «Yo duraré un año, apenas más» y advertía que sería necesario «obrar bien» durante este tiempo. Pero, contrariamente a este deseo, se veía ahora reducida a la inacción, y eso por orden de ese mismo rey que ella había hecho consagrar y coronar. Se imagina su exasperación. Con toda

70

evidencia —el entorno del rey era consciente de esto— era necesario ocuparla. Es probablemente La Trémoille quien, después de una estancia de Jeanne en Bourges que duró unas tres semanas, tuvo la idea de utilizarla como lo hacía cualquier jefe de banda: precisamente contra los otros jefes de banda que, después de haber operado en beneficio del rey, solo habían pensado ya en su interés personal. Uno de ellos, Perrinet Gressart, que se había retirado a La Charité-sur-Loire, desde donde lanzaba incursiones de vez en cuando, había hecho prisionero a La Trémoille durante algún tiempo y no lo había soltado más que contra un rescate de catorce mil escudos. ¿Por qué no enviar a Jeanne contra este insolente personaje?

Ella fue en efecto a asediar una primera plaza perteneciente a Perrimet Gressart, Saint-Pierre-Le-Moûtier. La ciudad fue tomada en el mes de noviembre de 1429. Luego Jeanne se dirigió, con su ejército, contra La Charité-sur-Loire. Pero eso fue un fracaso: «Porque el rey no financió el envío de víveres ni dinero para mantener a su compañía», escribe un testigo del tiempo, Perceval de Cagny. Jeanne debió levantar el asedio. Reunió los restos de su ejército en Jargeau y allí, a modo de consolación, el rey Charles VII le otorgó cartas de nobleza para su familia, sus padres, sus hermanos, precisando que, en consideración al servicio prestado, la nobleza se transmitiría por línea femenina tanto como masculina (Philippe le Bel, a principios del siglo XIV, había reservado la transmisión de la nobleza a la línea masculina, contrariamente a los usos de los tiempos precedentes).

Se imagina a Jeanne bastante indiferente ante una distinción de este género. Sombrío invierno para ella, el del año 1429-1430. Parece que lo pasó en su mayor parte en el castillo de Sully-sur-Loire, perteneciente a la familia de La Trémoille. Fue invitada a Orleans el 19 de enero a un banquete ofrecido por la municipalidad; eso queda atestiguado por los registros de la ciudad que mencionan también la presencia de uno de sus hermanos, Pierre, el que la siguió en todas sus batallas.

Algún otro sin embargo celebraba también en banquetes y fastuosas diversiones su poder en su apogeo: Philippe el Bueno, duque de Borgoña, que casó, el 8 de enero de 1430, con Isabel de Portugal, y creó la orden del Toisón de Oro: una orden de caballería como gustaban entonces y que reunía a los personajes que el soberano quería honrar —pretexto para revestirse de espléndidos ropajes y figurar en festines bien regados—. Philippe el Bueno había recibido del duque de Bedford el título de lugarteniente general del rey de Inglaterra para el reino de Francia. Al mismo tiempo, el «regente» le entregaba los dos condados de Champagne y Brie, cargando sobre él su conquista; estas dos provincias permitían al duque de Borgoña redondear sus estados, y a pesar de las treguas que él renovaba periódicamente con el rey de Francia, se apresuró a enviar a Champagne a uno de sus fieles, el mariscal de Toulongeon, exigiendo que las villas del Oise, Roye, Montdidier, Compiègne, que le había prometido el rey de Francia, le fueran entregadas sin dilación.

Es entonces cuando el rey Charles VII comienza a darse cuenta de que el primo de Borgoña decididamente se burla de él. Reclama esta conferencia de paz, de la que se agita ante él el proyecto sin nunca reunirla, mientras que por todas parte se manifiestan movimientos de resistencia, que las guarniciones inglesas son expulsadas de Melun y de Saint-Denis por el levantamiento de sus habitantes y que en París una conjuración de gran envergadura es desgraciadamente descubierta y parada a tiempo, mediante seis de los conjurados ejecutados y colgados en las Halles, en la plaza pública, y ciento cincuenta eran detenidos.

Sin embargo, no será hasta el 6 de mayo de 1430 cuando el rey se resignará a reconocer su error y una carta escrita por mediación de su canciller, Regnault de Chartres, afirmará que él ha sido «engañado y decepcionado por treguas y otros medios» por Philippe de Borgoña en el momento mismo en que este «se ponía de acuerdo con algunas potencias para hacer la guerra contra nos y nuestros países y leales súbditos».

Jeanne no ha esperado mucho tiempo para entrar en acción. Después de casi dos meses, ha dejado a escondidas el castillo de Sully llevándose con ella una compañía de doscientos piamonteses, conducidos por un jefe de rutas llamado Barthélémy Baretta; ella se ha ido a combatir a las plazas amenazadas, pues sabe desde siempre que no habrá paz «más que a punta de lanza». Tiene cerca de ella a su hermano, Pierre, y también a su fiel intendente, Jean d'Aulon; pero más que jefe de guerra como ella era cuando marchó a Orleans, ya no es más, al parecer, que jefe de banda.

Se sigue su huella en Melun, donde estuvo bien acogida por una población que acababa de expulsar a la guarnición inglesa; luego en Lagny. Es en esta pequeña ciudad donde Jeanne es abordada por algunas personas que le suplican que vaya a una familia donde un recién nacido no ha dado señal de vida desde hace tres días. «Estaba negro como mi cota», diría ella más tarde contando el incidente. Ella se pone en oración con las muchachas que han venido a buscarla y al cabo de algún tiempo el niño vuelve a la vida. Bosteza tres veces, recibe el bautismo, luego muere ante sus padres consolados que podrán enterrar en tierra cristiana a su pequeño bebé.

Jeanne está en Senlis el 24 de abril, luego el 14 de mayo en Compiègne. El gobernador de la ciudad, Guillaume de Flavy, y los habitantes, se niegan a abrir su puerta al duque de Borgoña y este ha comenzado a invadir la importante ciudad del curso del Oise. Se apodera el 16 de mayo de la fortaleza de Choisy-au-Bac, luego sus fuerzas son enviadas hacia Margny y Clairoix, para completar el asedio. Jeanne, que ha intentado tomar por retaguardia a las tropas borgoñonas pasando el Aisne en dirección de Soissons, vio cómo le negaban la entrada en esta ciudad. No sorprenderá saber que unos días más tarde su capitán la vendía al duque de Borgoña.

Después de haber pasado por Crépy-en-Valois, Jeanne y su pequeño ejército llegan, caminando de noche a través del bosque, «a hora secreta de la mañana», a Compiègne. Una operación se prepara contra la fortaleza de Margny. Jeanne, según su costumbre, se pondrá en cabeza, pero la batalla irá mal. Las tropas borgoñonas, emboscadas en Clairvoix, dan la alarma a las demás en las localidades vecinas, Venette y Coudun, adonde acaba de llegar el duque de Borgoña en persona. Es forzoso replegarse. Jeanne, tal como lo hace siempre en esos casos, acude a la retaguardia para proteger la retirada. En el momento en que los últimos combatientes, entre los cuales está ella, van a penetrar en el recinto, se cierra la puerta, «y así quedará la Pucelle fuera y algunos de los suyos con ella», escribe un contemporáneo, Perceval de Cagny.

¿Ha sido traicionada por el personaje –de bastante mala reputación– que defendía la ciudad, Guillaume de Flavy? Se ha discutido mucho eso. Lo cierto es que la puerta del recinto se ha cerrado prematuramente. Pues hubiera bastado a los defensores refugiarse detrás de la puerta de la ciudad.

Un cronista posterior, Georges Chastellain, ha descrito muy bien la última visión que se tiene de Jeanne combatiente: «La Pucelle, superando su naturaleza de mujer [...] puso mucho empeño en salvar a su compañía, permaneciendo atrás como un jefe y como la más valiente de la tropa [...]. Un arquero, hombre rígido y muy agrio, teniendo en gran desprecio que una mujer de la que tanto había oído hablar fuese la protectora en la cola de tan valientes hombres [...] la agarró de lado por el cuello de paño de oro y la tiró del caballo a tierra».

Este arquero, «hombre rígido y muy agrio», pertenecía a la compañía del Bastardo de Wandonne a quien Jeanne entregó su espada. Era un lugarteniente del borgoñón Jean de Luxembourg. Jeanne es pues prisionera de los borgoñones. Esa misma tarde, el duque de Borgoña llegó de Coudun. «Fue a verla al alojamiento donde estaba la Pucelle y le dijo algunas palabras de las que no me acuerdo muy bien, aunque yo estuviese allí presente», escribió el famoso cronista Enguerrand de Monstrelet, un borgoñón del entorno inmediato del duque, Philippe el Bueno. Su memoria habitualmente tan fiel parece faltarle entonces. Es probable que la entrevista no hubiese sido honorable para el gran señor y que él prefiriese callarse...

Era el 23 de mayo de 1430.

La primera etapa de la existencia pública de Jeanne se cierra después de un año cargado de victorias, pero fértil también en decepciones. En adelante se abre un año negro. Jeanne es prisionera; y cuando se piensa en lo que ha debido ser para esta muchacha del campo —acostumbrada a los grandes espacios y desde hace poco a las largas cabalgadas, a la vida más activa— se imagina el sufrimiento de todos los instantes que podía ser para ella una vida de prisionera, en encierro y soledad.

Interrogada más tarde por sus jueces, dirá que ella sabía lo que le iba a suceder: «La semana de Pascua pasada [era pues entre el 22 y el 29 de abril si se refiere a la fecha de Pascua de este año 1430], mientras me encontraba en las zanjas de Melun, me fue dicho por mis voces, es decir las voces de las santas Catalina y Margarita, que sería apresada antes de la fiesta de San Juan, y que era preciso que fuese así y que no me extrañase, pero que lo aceptase de buen grado y que Dios me ayudaría».

San Juan cae el 24 de junio. Jeanne supo pues que sería hecha prisionera en torno a un mes ante Compiègne. Ella misma dijo hasta qué punto temió el acontecimiento: «Yo había preguntado varias veces a mis voces la hora de mi captura, pero ellas no me la dijeron», y precisó: «Si hubiese sabido la hora, no hubiera ido allí voluntariamente. En todo caso, añade ella, hubiese cumplido el mandato de las voces viniera lo que viniera».

Se la puede imaginar debatiéndose con todas sus fuerzas contra tal extremo.

Alrededor de ella, sin embargo, se exulta. «Los del partido de Borgoña y los ingleses se pusieron muy contentos, más que por haber capturado quinientos combatientes, pues no temían a capitán ni a cualquier otro jefe de guerra tanto como lo habían hecho de esta Pucelle». El Bastardo de Wandonne mismo, a decir de los testigos, estaba «más contento que si tuviese un rey en sus manos». Y esta misma exultación se advierte en la carta circular que Philippe el Bueno envía a las ciudades de sus estados para anunciarles la captura de Jeanne: «Por el deseo de nuestro bendito Creador, la mujer llamada Pucelle ha sido capturada, por la cual captura se conocerá el error y la loca creencia de todos los que por los hechos de esta mujer se han sentido inclinados y favorables». Añade que rinde homenaje al creador por esta captura, que espera conducirá «al bien de nuestro señor, el rey de Inglaterra y de Francia y a la tranquilidad de sus buenos y leales súbditos…».

Esta carta de Philippe el Bueno ha sido «voceada» en las calles de París por el heraldo de servicio el 25 de mayo. Tenemos el testimonio por el registro del Parlamento que también la anota. Pues desde el 26 de mayo, el día siguiente mismo, la universidad de París escribía al duque de Borgoña reclamando en nombre del inquisidor de Francia que Jeanne fuera entregada «lo más pronto que se pueda con seguridad y conveniencia». Los universitarios quieren en efecto juzgar «a la dicha Jeanne sospechosa vehementemente de varios crímenes que huelen a herejía».

Los dignos maestros de la universidad parisina no pierden el tiempo. Hay que recordar que desde el año precedente, en el mes de mayo de 1429, antes incluso de que el rey fuese coronado, un clérigo de la universidad de París, anónimo aún, había redactado un libelo contra Jeanne, declarando a la que había liberado Orleans probablemente herética: ¿acaso no era la universidad «la llave de la cristiandad?».

Enseguida tras su captura, encierran a Jeanne en la fortaleza de Clairoix; luego, muy pronto, sin duda desde el 26 de mayo, es conducida al castillo de Beaulieu-les-Fontaines que pertenece a Jean de Luxemburgo. Al mismo tiempo que ella, allí fueron transferidos Jean d'Aulon y su hermano Pierre que también habían sido hechos prisioneros.

Un episodio, quizá conmovedor, es de señalar: Isabel de Portugal, que se encontraba en Péronne pidió a su esposo Philippe el Bueno ver a la prisionera. La entrevista tuvo lugar en Noyon en el palacio episcopal, cercano a la bella catedral, de la que el obispo, Jean de Mailly, era un «colaborador» notable, uno de los próximos a Pierre Cauchon. Se piensa que tal vez Isabel, cuya reputación de mansedumbre era notoria, intercedió para que Jeanne fuese transferida a un lugar más aceptable que el castillo de Beaulieu-les-Fontaines, que pertenecía al Bastardo de Wandonne y no era frecuentado más que por la soldadesca de sus alrededores. Se eligió para ella el castillo de Beaurevoir, perteneciente a Jean de Luxemburgo, donde residían su esposa, Jeanne de Béthune, su tía Jeanne de Luxemburgo, y también otra Jeanne, Jeanne de Bar, hija del primer matrimonio de Jeanne de Béthune, devenida condesa de Luxemburgo. Quizá la tentativa de evasión de Jeanne fuese motivada por el temor de verse llevada más lejos hacia el norte; pero esta tentativa fracasó y Jeanne fue transferida a Beaurevoir, probablemente en la primera quincena del mes de junio de 1430.

Ella debió pasar cuatro meses en este castillo de Beaurevoir, del que no quedan hoy más que una torre y algunos restos de murallas. Más tarde, en el curso del proceso, Jeanne d'Arc evocará con simpatía a esas tres mujeres, las tres llamadas Jeanne, que visiblemente supieron olvidar las divergencias políticas y militares para no ver en ella más que una prisionera que merecía atención y consuelo. Ellas llegaron incluso más lejos. Jeanne, en el curso de su proceso, declara: «La dama de Luxemburgo había pedido al señor de Luxemburgo que yo no fuese entregada a los ingleses».

Esa dama de Luxemburgo es la tía de Jean de Luxemburgo, una persona de edad «muy anciana», como dice un cronista del tiempo. Tenía tres sobrinos: Pierre, que visiblemente no gozaba de su simpatía, Louis, obispo de Thérouanne y partidario resuelto de la causa inglesa (es por cierto en Inglaterra donde morirá en 1443, nombrado obispo de Ely después de haber sido arzobispo de Rouen), y finalmente Jean, vasallo de Philippe el Bueno; este incluso le nombró caballero del Toisón de Oro. Jean de Luxemburgo parece haber sido un tanto indeciso respecto al ocupante inglés, pero le resultaba difícil ir contra la elección de su soberano. Probablemente ha dudado antes de entregar a Jeanne a los ingleses, bajo la influencia de su tía. Pero Jeanne de Luxemburgo debía dejar Beaurevoir, como lo hacía cada año, hacia finales del mes de agosto. Acudía siempre, en efecto, a la tumba de su hermano, el santo cardenal Pierre de Luxemburgo, muerto en olor de santidad cuarenta años antes y del que se veneraba la tumba en Aviñón. Ella llegó allí este año bastante fatigada; se la ve hacer su testamento el 10 de septiembre de 1430; debía morir ocho días más tarde.

Su sobrino, Jean, heredaba de ella, pero no sus simpatías hacia la prisionera de Beaurevoir. Por otra parte, iba a estar muy ocupado por el asedio de Compiègne que le había sido confiado, pero iba mal: el 24 de octubre debía dejar la plaza y retirarse a Noyon; cuatro días más tarde las pequeñas plazas de alrededor se rendían a los franceses. Compiègne era liberada.

Jeanne, entre tanto, había hecho una segunda tentativa de evasión. Esta vez saltando de la torre de Beaurevoir: había atado sus sábanas, pero se soltaron y tuvo en el foso de Beaurevoir una caída seria: «Quedé herida en este salto tanto que no podía comer ni beber», dijo más tarde, añadiendo que eso duró dos o tres días, después de lo cual su fuerte constitución se recuperó[1].

Jeanne declararía luego a sus jueces que, si ella había decidido arriesgar su vida saltando de la torre de Beaurevoir, fue porque estaba inquieta por sus «buenos amigos de Compiègne» y que luego santa Catalina le había afirmado que estos «tendrían socorro antes de la fiesta de Saint-Martin-d'Hiver» (11 de noviembre).

Alguien sin embargo se agitaba mucho por ese mismo tiempo, el antiguo rector de la universidad de París,

---

[1] Es la ocasión para mostrar otro error evidente en el guion del *film* de Pierre Moinot, donde Jeanne se tira al foso lleno de agua durante la noche. La salvan y recogen unos centinelas valientes; pero a continuación, queda sacudida por la tos, incoercible, hasta el final del *film*, como si en esta ocasión hubiera quedado enferma del pecho. ¿Es eso para producir un efecto patético? Parecía sin embargo bastante inútil «exagerar»…

devenido obispo de Beauvais por la gracia del duque de Borgoña, Pierre Cauchon. En el momento en que Jeanne es hecha prisionera, él estaba en Calais junto al duque de Bedford. Desde ese momento, se debieron hacer planes en nombre de la universidad de París. En el mes de junio, él envía cartas a Philippe el Bueno y a Jean de Luxemburgo, respecto a la prisionera; las condiciones de compra se fijan: ofrecer seis mil libras por Jeanne y dar a entender que podría subir hasta diez mil. El autor de la captura, Lionel de Wandonne, recibiría una pensión de trescientas libras. Después de esto, como las respuestas son lentas en llegar para Cauchon que teme sin duda que el rey de Francia, Charles VII, haga algo para rescatarla (se ve que suponía demasiado respecto al agradecimiento del rey), acudió el 7 de julio a Compiègne y mantuvo entrevistas sucesivas con Jean de Luxemburgo y el duque de Borgoña en persona. Luego, el mismo Pierre Cauchon recibirá del tesorero general de Normandía para el ocupante inglés, Pierre Surreau, una suma de 765 libras tornesas por los 153 días «en que ha vacado al servicio del rey, nuestro señor… por el asunto de Jeanne llamada la Pucelle».

Pierre Rocolle, a quien se debe un estudio minucioso y muy completo de esos meses[2], indica que, el 6 de diciembre, Jeanne está en Arras donde las diez mil libras tornesas de su rescate se le han pagado a Jean de Luxemburgo, siempre por Pierre Surreau. La universidad de París había escrito entre tanto a Pierre Cauchon, el 21 de noviembre para manifestar su impaciencia:

---

[2] Ver su obra: *Un prisonnier de guerre nommé Jeanne d'Arc*, Éditions SOS, París 1981.

«Vemos con extremado asombro diferirse largamente el envío de esta mujer vulgarmente llamada la Pucelle, en perjuicio de la fe y de la jurisdicción eclesiástica».

Jeanne realizó entonces la última de sus cabalgadas, de Arras a Crotoy, haciendo etapa muy probablemente en el castillo de Lucheux, y cerca de la abadía de Saint-Riquier, en el castillo de Drugy, donde vinieron a verla dos religiosos de esta abadía, cuyo abad se había unido al partido anglo-borgoñón.

Se sabe cómo Pierre Cauchon se había hecho designar por el duque de Bedford como juez de Jeanne, al mismo tiempo que el vice inquisidor de Francia. De hecho, él no podía residir en Beauvais que se había entregado entonces al rey de Francia, y solo por un artificio de procedimiento bastante grosero fue reconocida su competencia: se habría necesitado, para ser válido, que Jeanne hubiese cometido algún delito de herejía en el territorio de la diócesis de Beauvais. Todo lo más, se podía argüir que su captura había tenido lugar en ese territorio… En cuanto al lugar mismo del juicio, Bedford quería que fuese la ciudad de Rouen, donde la potencia inglesa estaba sólidamente asentada desde 1418. Rouen le parecía más seguro que París. Jeanne fue pues conducida, en barca probablemente, hasta Saint-Valery-sur-Somme, luego siguiendo la antigua vía romana, por Arques y Bosc-le-Hard. La escolta que la llevaba alcanzó el castillo de Bouvreuil, que dominaba la ciudad de Rouen sin que se tuviese que entrar en ella. Es probable que el cortejo llegase allí la víspera de Navidad de 1430.

# 6.
# TODA LUZ NO VIENE
# SOLO POR VOS

EL PROCESO DE JEANNE va pues a desarrollarse en
Rouen, de donde, antes incluso de la llegada de la prisionera, Pierre Cauchon, que piensa en todo, ha hecho
enviar al país barrois un agente encargado de reunir sobre ella todos los elementos deseables: su infancia, su
familia, etc.; quedará por lo demás muy decepcionado pues este agente se llevó consigo en Chaumont un
notario, Nicolas Bailly, así como a un clérigo, Gerard
Petit, y visitó sucesivamente Domrémy, Vaucouleurs y
Toul, sin obtener nada sobre Jeanne d'Arc. Ni el más
pequeño cargo de acusación.

Y así será para el conjunto del proceso: nadie ha
empleado la fórmula usual: «Acusada, se sospecha que
ha cometido tal o cual delito». El jurista Pierre Tisset,
que ha hecho la última y más completa publicación del
proceso de condenación de Jeanne, ha subrayado esto
con fuerza: contra Jeanne no hay cargos; los jueces,

entiéndase Pierre Cauchon, el vice inquisidor (ausente la mayor parte del tiempo de las sesiones de interrogatorio) y los asesores —seis de ellos han sido expresamente delegados por la universidad parisina— cuentan únicamente con las respuestas de la acusada para, ante sus palabras, acusarla de herejía.

El carácter fraudulento del proceso aparece desde la primera sesión, el miércoles 21 de febrero de 1431. Pierre Cauchon pide a Jeanne prestar juramento y precisa: «Os prohibimos dejar sin nuestro permiso las prisiones que se os han asignado en el castillo de Rouen, bajo pena de quedar convencida del crimen de herejía». Jeanne responde al punto: «No acepto esta prohibición. Si me evadiese, nunca nadie podría acusarme de haber negado o violado mi fe».

Es poner de entrada, si se puede decir, el dedo en la llaga, pues Jeanne es tratada como prisionera de guerra, encerrada en prisión inglesa, guardada por carceleros que son hombres de armas ingleses. Pierre Cauchon entiende hacerle un proceso de herejía como lo son normalmente los procesos de Inquisición. Pero las mujeres interpeladas por la Inquisición eran guardadas en las prisiones del arzobispado, y guardadas por otras mujeres. Hay pues un fraude manifiesto y el programa de Pierre Cauchon y los demás universitarios parisinos es claro: se intenta desacreditar a esta cuyas victorias han puesto en peligro la ideología instaurada por ellos para dar color de legalidad a las dos coronas que llevará el rey de Inglaterra, extendiendo su poder no solo a su propio reino, sino al que él cree haber conquistado. Se sabe por lo demás que los ingleses no renunciarán sino muy tardíamente a ese título de «rey de Francia y de

Inglaterra», que llevarían sucesivamente sus soberanos hasta principios del siglo XX. Para colmo de hipocresía, está esa carta del rey de Inglaterra (escrita en su nombre por Bedford, pues el pequeño rey Henri VI no tiene aún más que nueve años), y que precisa, antes incluso de que se abra el proceso: «Es nuestra intención recuperar y volver a prender por otros motivos a la llamada Jeanne, si sucediese que no fuera convencida ni condenada por herejía… tocante a nuestra fe». Dicho de otro modo, cualquiera fuese el resultado del proceso, si Pierre Cauchon y los universitarios parisinos no consiguen sus fines haciéndola condenar por un tribunal de la Iglesia, el rey de Inglaterra pretendía recuperar a la prisionera y tratarla como le pareciera bien.

No había pues para Jeanne ninguna escapatoria posible y ella lo sabía. Pero desde el comienzo de los interrogatorios también ella pone en dificultad al obispo de Beauvais que le pide recitar el *Pater Noster*. «Escuchadme en confesión y os lo diré con gusto». Lo que equivalía a recordar a Pierre Cauchon su cualidad de hombre de Iglesia, de sacerdote obligado por su estado a conceder al sacramento de la penitencia la misma importancia que Jeanne le atribuía. Bien entendido, Cauchon iba a atrincherarse detrás de las reglas de los tribunales de Inquisición y rechazar lo que le pedía la que él acusaba y que le hubiese obligado a reconocer como inocente si la hubiese oído en el secreto de la confesión.

En adelante las sesiones de interrogatorio iban a sucederse a razón de dos o tres veces por semana. El ujier, Jean Massieu, venía a buscar a Jeanne a su prisión. La desencadenaban entonces para ir con él a una de las salas del castillo donde se encontraban los dos jueces (pero el vice inquisidor, Jean Lemaître, debió ser interpelado muchas veces para acudir allí y no asistió a todas las sesiones) y los asesores, a veces muy numerosos: una cuarentena en general; componían una suerte de jurado y a menudo Cauchon designaba a uno de ellos para interrogar a Jeanne. Así fue con el maestro Jean Beaupère y otro universitario parisino llamado Jean de La Fontaine. Las preguntas y las respuestas eran, según el uso de los procesos de Inquisición, registradas por un notario; el que había sido convocado para el proceso de Jeanne se llamaba Guillaume Manchon. Vivía aún cuando se abrió el proceso de rehabilitación y declaró varias veces: «Durante el proceso, Jeanne fue acosada con muchas y diversas preguntas, y casi cada día tenían lugar interrogatorios, por la mañana, que duraban alrededor de tres o cuatro horas y a veces, de lo que hubiese dicho Jeanne, se extraían cuestiones difíciles y sutiles sobre las que le volvían a preguntar después del almuerzo, durante dos o tres horas». Añade que, en los primeros tiempos, «hubo gran tumulto […] en la capilla del castillo de Rouen [donde estaban los jueces y asesores […] y casi cada palabra de Jeanne era interrumpida cuando hablaba de sus apariciones, pues había allí algunos secretarios del rey de Inglaterra, dos o tres, que registraban a su antojo los dichos y afirmaciones de Jeanne, omitiendo sus excusas y lo que pudiera ir en su descargo. Yo me quejé de eso, diciendo que, a menos que se estableciese otro orden, no me encargaría ya de la tarea de escribir en esta materia. A causa de eso, al día siguiente, se cambió de lugar nos reunimos en una torre del castillo, cerca del gran patio. Y había allí dos ingleses para guardar la puerta». Ningún error posible pues sobre el carácter político de esta prisionera de guerra a la que se pretende interrogar por causa de herejía. El mismo Guillaume Manchon cuenta cómo se intentó arrancar a Jeanne afirmaciones de manera torticera, por ejemplo enviando junto ella a un llamado Nicolas Loiseleur, que fingía ser de su país y, lo que es más, de su bando. «Y lo que ella le decía en secreto, él encontraba modo de hacerlo llegar a oídos de los notarios»; todo «para encontrar la manera de tomarla capciosamente» —sin que pudiese sospechar de los fraudes de los que ella era objeto—.

A partir del sábado 10 de marzo, el interrogatorio tiene lugar a veces en la prisión misma de Jeanne, a puerta cerrada. Pero de todas las maneras y cualesquiera sean las condiciones de los interrogatorios, nunca ella ha tenido abogado, lo que era absolutamente contrario al reglamento de los procesos de Inquisición.

Es necesario leer el proceso de condenación entero para medir a la vez el encarnizamiento de los jueces y asesores para intentar ponerla en contradicción con ella misma y la prudencia, la serenidad, a veces el humor, que caracterizan las respuestas de Jeanne. Algunas de esas respuestas son conocidas. Así, la famosa sobre el estado de gracia:

«—¿Sabéis vos si estáis en gracia de Dios?, le pregunta Jean Beaupère.

—Jeanne: Si no lo estoy, que Dios me lo ponga y si estoy, que Dios me guarde en él. Sería la más doliente de todo el mundo si supiese no estar en la gracia de Dios; y si estuviese en pecado, creo que la "voz" no vendría a mí, y quisiera que cada uno la oyese tan bien como yo».

Imposible evocar con más claridad y simplicidad esta voz que la asiste y a la que ella atribuye enteramente sus hechos y gestos. La cuestión era muy pérfida, pues si Jeanne hubiera dicho estar cierta de estar en gracia de Dios, no se hubiese dejado de argumentar que ella se fiaba de su propio juicio y no del de la Iglesia: era un punto delicado sobre el que los interrogatorios no dejan de insistir: las «voces» a las que ella se acoge, ¿no es a la Iglesia a quien corresponde decidir si vienen o no de Dios? El punto capital del interrogatorio es probablemente ese día en que se le pregunta:

«¿Creéis vos que no estáis sometida a la Iglesia de Dios que está en la tierra, es decir, a nuestro señor el papa, a los cardenales, arzobispos, obispos y otros prelados de la Iglesia?».

Y Jeanne responde: «Sí, Nuestro Señor primer servido.

—¿Os han mandado vuestras voces no someteros a la Iglesia militante que está en la tierra, ni a su juicio?

—Yo no responderé otra cosa que tenga en mi cabeza, sino lo que respondo es por mandamiento de mis voces: ellas no me mandan que no obedezca a la Iglesia, Dios primer servido».

Así hace ella con la mayor sencillez la distinción entre lo que debe contar y las «voces» a las que se refiere para toda su acción.

Estas «voces» han evidentemente despertado la sospecha de los jueces que tratan de hacerle precisar la naturaleza.

«—¿Qué hacíais ayer por la mañana cuando la voz vino a vos?, pregunta Jean de Beaupère.

—Dormía y la voz me ha despertado.

—¿La voz os ha despertado tocándoos el brazo?

—Me ha despertado la voz sin tocarme…

—¿Habéis agradecido esta voz y os habéis puesto de rodillas?

—La he agradecido sentándome en mi cama y he juntado las manos… La voz me ha dicho que responda con valentía…».

El mismo Jean Beaupère intentará ponerla en dificultad a propósito de esta voz:

«—¿Veis vos a san Miguel y a los ángeles corporal y realmente?

—Los veo con mis ojos corporales tan bien como os veo…

—¿Son santa Catalina y santa Margarita con quienes habláis?

—Os lo he dicho ya bastante que son santa Catalina y santa Margarita, y creedme si queréis».

Y Jeanne añadirá poco después:

«Preferiría ser arrastrada por cuatro caballos que haber venido a Francia sin el permiso de Dios».

Pero Jean Baupére continúa, incansable:

«—¿En qué figura estaba san Miguel cuando se os apareció? ¿Estaba desnudo?

—Jeanne: ¿Pensáis que Dios no tenga con qué vestirlo?

—¿Tenía cabellera?

—¿Por qué tendría que habérsela cortado?

Pero se puede suponer que Jean Baupère era impermeable al humor. Recibió de Jeanne esta punzante respuesta:

«—Cuando veis esta voz, que os llega, ¿hay luz?

—Jeanne: Hay mucha luz por todas partes y eso es muy conveniente. Toda luz no viene solo por vos».

Con frecuencia se ha querido poner en paralelo la fe de los clérigos, los que son instruidos, que han estudiado en las escuelas, y la fe popular. Aquí, tenemos un magnífico diálogo entre clérigos que en realidad están embadurnados de ideología y una fe popular que precisamente no busca otra cosa que expresarse en su verdad. Ante estos maestros cargados de diplomas, convencidos de su propia ciencia e hinchados por su superioridad, Jeanne nos da el sorprendente espectáculo de una fe muy simple («yo aprendí de mi madre *Pater Noster, Ave Maria, Credo*»), frente a intelectuales para los que era menos cuestión de fe que de doctrina o de derecho canónico.

# 7.
# JESÚS

ES DIFÍCIL RESUMIR el proceso de condena de Jeanne d'Arc, en primer lugar porque la forma misma de los procesos no es continua: intencionadamente, los que interrogan pasan de un acontecimiento a otro, de una cuestión a una pregunta ajena con lo anterior, para desconcertar al acusado. Jueces y asesores de Jeanne no iban a dejar de servirse de este procedimiento, también común, para intentar poner a la que interrogaban en contradicción con ella misma. Pero si habían creído que estaban ante una simple campesinita obstinada, no iban a tardar en darse cuenta de que Jeanne era de otra pasta. Tenemos sobre este punto el testimonio del notario mismo encargado de registrar las preguntas y las respuestas, Guillaume Manchon: «A menudo se pasaba de un interrogatorio a otro, cambiando la manera de interrogar. Y a pesar de este cambio, ella respondía prudentemente y tenía buena memoria. Porque con frecuencia decía: "Ya os he respondido sobre ese asunto, o: Me remito al notario", señalándome…».

Otro, que no asistió al proceso, pero traduce lo que se puede llamar la opinión pública, un cierto Pierre Daron, cuenta: «He oído decir a algunos durante este proceso que Jeanne maravillaba con sus respuestas y que tenía una memoria admirable. Porque una vez que se le preguntaba sobre una cuestión a propósito de la cual había sido ya interrogada ocho días antes, ella respondió: "Ya fui interrogada tal día…". Aunque uno de los notarios le dijo que ella no había respondido, algunos de los asistentes dijeron que Jeanne decía la verdad. Se leyó la respuesta de ese día y se vio que Jeanne estaba en lo cierto. Ella se alegró mucho, diciendo al tal Boisguillaume (el notario en cuestión) que si se equivocaba otra vez le tiraría de las orejas…». Un médico también, encargado de examinarla, Jean Tiphaine, declara: «Ella respondía muy prudente y sabiamente, con una gran audacia».

Después de la instrucción propiamente dicha, lo que se llamaba el «proceso de oficio», comienza a partir del lunes 26 de marzo el «proceso ordinario»; es decir que el que tiene el rol de promotor, Jean d'Estivet, ha redactado un libelo en setenta artículos que pretenden resumir los puntos sobre los que las respuestas de Jeanne sirven para la acusación. Algunos de esos artículos son totalmente mentirosos, como el artículo 56 que declara que «Jeanne se ha jactado muchas veces de tener dos consejeros a los que llama "consejeros de la *fontaine*", que llegaron a ella después de que la capturaran»; o incluso otro, el artículo siete: «Jeanne tuvo a veces costumbre de llevar una mandrágora en su seno, esperando por este medio tener una fortuna próspera en riqueza y cosas temporales…». Esos artículos les fueron leídos a Jeanne y sobre estos dos puntos el proceso verbal menciona enérgicas negaciones de su parte. «Este artículo sobre la mandrágora ella lo niega por completo». O incluso: «En cuanto al consejero de La Fontaine, ella no sabe lo que eso es». Del conjunto de esos artículos comienza a desprenderse lo que será finalmente el recurso de Pierre Cauchon: el pretendido rechazo de sumisión a la Iglesia militante del que se supone ver como símbolo el hecho de que ella viste como hombre —esta ropa de hombre que poco a poco, al paso de los días, toma una importancia totalmente inesperada incluso para la mentalidad de entonces, pues en Vaucouleurs había parecido muy natural que Jeanne, para cabalgar, vistiese ropa de hombre–.

Ni que decir tiene que en revancha se encuentran completamente pasados en silencio, en ese libelo, algunas de las confidencias que hace Jeanne sobre sus relaciones con este mundo invisible y para ella tan familiar: dicho de otro modo sobre su vida mística. Así cuando se le pregunta, no sin perfidia, lo que sus voces le dicen sobre su destino final, ella responde: «Santa Catalina me ha dicho que tendré socorro; y yo no sé si eso será que saldré de prisión, o cuando esté en el juicio, si ocurrirá algo por medio de lo cual quedaré libre, y creo que será lo uno o lo otro. Pero con más frecuencia, me dicen mis voces que seré liberada por gran victoria; y luego me dicen mis voces "Tómalo todo con paz, no te asustes de tu martirio, tú vendrás al fin al reino del paraíso", y eso mis voces me lo dicen sencilla y absolutamente, es a saber sin falta. Llamo a eso martirio, añade ella, por la pena y la adversidad que sufro en prisión, y no sé si sufriré más grandes, pero me remito en todo a Nuestro Señor».

O aún, en un interrogatorio que hace el universitario Jean de La Fontaine, las respuestas se suceden con un acento de inconmovible esperanza:

«—¿Estáis segura de estar salvada?, pregunta el asesor.

—Yo creo firmemente lo que mis voces me han dicho, a saber que seré salvada, tan firmemente como si ya estuviese allí.

—Después de esta revelación ¿creéis que ya no podéis pecar mortalmente?

—No sé nada, pero en todo me remito a Dios.

—Esa respuesta es de gran peso.

—También yo la tengo por un gran tesoro».

Es de notar que este Jean de La Fontaine, después de este interrogatorio, no comparecería más que una sola vez en el proceso, y toma la decisión de dejar Rouen después de haber tratado de dar consejo a Jeanne.

Esta incluso, con una absoluta sencillez, ha revelado a los jueces su oración: «Muy dulce Dios, en honor de Vuestra Santa Pasión, os pido, si me amáis, que me reveléis cómo debo responder a esta gente de Iglesia. Yo conozco bien, en cuanto a la ropa, el mandato que he recibido y lo he cumplido; pero no sé en qué manera lo debo dejar. Para esto, enseñadme lo que os plazca». Esta oración, el notario encargado de transcribirla la escribió en francés en el texto del proceso, tal como Jeanne la dijo.

El tiempo, sin embargo, pasaba. En el momento de Pascua, que caía ese año en el 1 de abril, Jeanne no fue autorizada a oír misa. Hubo entonces algún tiempo empleado en deliberaciones, en particular, entre el 2 y el 7 de abril, los jueces y asesores iban a redactar extractos del libelo d'Estivet, doce artículos que debían servir, según los usos de la Inquisición, para ser enviados a los prelados o teólogos y consultarles sobre el contenido herético o no de las palabras de la acusada, según el resumen que se había hecho. Los doctores consultados fueron por supuesto los principales delegados de la universidad de París, y también dos prelados ingleses, Guillaume Haiton y Richard Prati. El primero había tomado parte en las negociaciones que prepararon el matrimonio del rey de Inglaterra, Henri V, con Catherine de Francia, hija del rey Charles VI; el otro debía morir como obispo de Chichester: son pues dos personajes mezclados de cerca en los intereses ingleses.

Entre tanto también, vino la enfermedad de Jeanne. Todo hace pensar en una especie de envenenamiento para el cual varios médicos son consultados; dos de ellos vivían aún en la época del proceso de nulidad: Jean Tiphaine, que era el propio médico de la duquesa de Bedford, y Guillaume de la Chambre. Jeanne, sacudida por los vómitos, declaraba haber caído enferma después de haber comido una carpa que le había enviado el obispo de Beauvais, aserción que tuvo el efecto de enfurecer a Jean d'Estivet. Hubo una tentativa, por parte de Cauchon, harto de la lentitud de un proceso en el cual la causa se estancaba y parecía que al final iría mal para él; pues con toda buena fe Jeanne, habiendo apelado al papa y declarado que «es todo uno, de Dios y de la Iglesia», no podía en ningún caso ser considerada como una insumisa —¿habría decidido él acabar así? No se sabrá eso nunca—. Lo cierto es que los ingleses se alarmaron mucho y que hubo una intervención de Richard Beauchamp, conde de Warwick quien, siendo gobernador de la ciudad de Rouen, estaba directamente a cargo de Jeanne: «El rey la valoraba y la había comprado cara, y no quería que muriese si no era en manos de la justicia, y que fuese quemada». Así pues, ella iba a recuperarse, tanto por los cuidados de los médicos enviados como gracias a su fuerte constitución.

El 18 de abril iban a reanudarse los interrogatorios o más bien, siguiendo el vocabulario de la Inquisición, lo que se llamaban las «admoniciones caritativas»: el acusado recibía la visita de sus jueces que, con palabras amistosas, debían intentar llevarle a una justa vista de las verdades de la fe.

Cauchon en persona iba así a proponerle «una bella y notable procesión» para ayudarla a volver a mejores sentimientos. A lo que Jeanne respondió: «Yo aprecio mucho que la Iglesia y los católicos recen por mí». Y de nuevo declara: «Creo en la Iglesia de aquí abajo […]. Creo que la Iglesia militante no puede errar ni faltar […]. Me remito enteramente a Dios que me ha hecho hacer todo lo que he hecho». Y cuando se le habla del papa, ella responde: «Llevadme a él y le responderé».

Ocho días más tarde, se llega a amenazarla con la tortura. Para eso, la conducen a la gran torre del castillo de Rouen, la que subsiste aún en la ciudad. Decepción para los asistentes: «Verdaderamente −declara Jeanne−, si debéis hacerme arrancar los miembros y separar el alma del cuerpo, no os diré cosa alguna. Y si os dijera algo, después diré siempre que me lo habéis hecho decir por la fuerza».

Y está también lo que, de los procesos verbales oficiales, no informan los oficiales del proceso y no tuvieron ocasión de hacerlo: el gran banquete al que Warwick, el 13 de mayo de 1431, invita al obispo de Beauvais, Pierre Cauchon, y su inseparable amigo el obispo de Noyon, Jean de Mailly. Esta invitación, debidamente aceptada, la conocemos por un testigo precioso: el libro de cuentas del *maître d'hôtel* de Richard Beauchamp que, cada día, anota puntualmente los invitados al castillo y las compras realizadas para sus comidas, ya sea el desayuno, el almuerzo o incluso lo que más tarde será la hora del té —lo que se llama: *ad potum,* venir a beber, sin duda hacia las cuatro o cinco de la tarde—. Pues esta comida del domingo 13 de mayo está particularmente cuidada. Se ve incluso figurar ahí, en los postres, las primeras fresas del año.

Visiblemente, este día Warwick debió dar a Pierre Cauchon la orden de darse prisa porque, algún tiempo después, el jueves 24 de mayo que seguía la fiesta de Pentecostés, él organiza en el cementerio Saint-Ouen de Rouen toda una puesta en escena destinada a impresionar a la acusada: bajo la presidencia del cardenal Henri Beaufort, obispo de Winchester, y miembro de la familia real, varios prelados, abades de abadías normandas aliadas a la causa inglesa y universitaria parisina, se reúnen en tribunas levantadas para la circunstancia, mientras uno de ellos, Guillaume Érard, dirige a Jeanne un sermón de exhortación. En respuesta, Jeanne apela de nuevo al papa. Sin parar, se la exhorta a firmar una cédula en la que ella «abjura» de sus faltas. Esta cédula (carta) ¿qué contenía justamente? El ujier Jean Massieu, el encargado de ir a buscar a Jeanne y acompañarla donde tuviese que ir, estaba cerca de ella y ha visto la cédula. Declara que se trataba de una pequeña carta de unas seis o siete líneas.

Pero, en el texto del proceso, tal como se ha redactado luego, se puede leer una larga cédula (cuarenta y cuatro líneas para el texto en latín) en la que Jeanne se declara culpable de toda clase de faltas. El testimonio del ujier Jean Massieu es aquí precioso: «Esta cédula me fue enviada para que la leyese, y se la leí a Jeanne. Y me acuerdo bien de que en el texto se decía que en lo sucesivo ella no llevaría ya ni armas ni ropa de hombre, ni cortados los cabellos, y muchas otras cosas de las que ya no me acuerdo. Y sé bien que esta cédula contenía alrededor de ocho líneas, no más. Y yo sé absolutamente, añade cuando atestigua en el proceso de rehabilitación, que no es la que se menciona en el proceso, pues la que yo le he leído era diferente de la que se insertó en el proceso, y es aquella la que Jeanne ha firmado». Habría pues sustitución de textos entre la cédula contenida en el texto del proceso y la carta enviada a Jeanne y que ella acabaría por firmar con una cruz; mientras que poseemos de ella al menos tres cartas en las que firma con su nombre: Jeanne no quiso, en esa ocasión, firmar más que con una cruz.

El caso es que, al menos en apariencia, el juez podía declararse satisfecho: impresionada por el aparato amenazador del que había sido rodeada, Jeanne había «abjurado» ante el furor de la mayoría de los ingleses presentes que, de hecho, no comprendían nada del juego de Pierre Cauchon, poco acostumbrados como estaban a las finezas de los tribunales de Inquisición: ella escapaba a la hoguera.

Jeanne ha ciertamente esperado, después de este juicio en el cementerio Saint Ouen, que a ella la pondrían en prisión de iglesia. El notario Guillaume Manchon lo atestigua formalmente: «Jeanne pidió: "Pues así, entre vosotros, hombres de Iglesia, llevadme a vuestras prisiones y que no esté yo más en manos de estos ingleses". A lo cual monseñor de Beauvais respondió: "Llevadla donde la habéis tomado". Para que la devolviesen al castillo de donde había salido».

Eso era, una vez más, contravenir las reglas de los tribunales de Inquisición y continuar considerando como prisionera de guerra a la que se acusaba de herejía. Pero es infinitamente probable que Cauchon supiera cómo seguiría el drama, y que Jeanne en adelante estaba realmente «presa» como en una ratonera.

En efecto, entre los compromisos contenidos en la cédula de abjuración, estaba el de volver a vestirse como mujer: devolviéndola a las manos de los carceleros ingleses, en las prisiones del castillo de Rouen, se podía estar cierto que Jeanne no tardaría en tomar esa ropa de hombre que era su única defensa contra los ultrajes siempre posibles de los carceleros u otros personajes que podían introducirse en la prisión. Se la consideraría entonces como «relapsa», es decir que había recaído en una falta a la que había renunciado. No se puede olvidar que solo los relapsos podían ser condenados al fuego según los reglamentos de la Inquisición.

Y todo iba a suceder como estaba previsto. Cualesquiera sean las razones exactas que llevasen a Jeanne a volver a tomar la ropa de hombre, es cierto que desde el 27 de mayo lo había hecho así. Cauchon fue avisado de esto y, sin perder un instante, se presentó al día siguiente en la prisión con algunos asesores. «La hemos interrogado, se anotó en el proceso verbal, para saber cuándo y por qué causa ella se había puesto de nuevo esta ropa de hombre: "La he tomado por mi voluntad —declaró Jeanne—, la tomé porque era más lícito y conveniente vestir de hombre puesto que estoy con hombres, que llevar ropa de mujer. La he vuelto a tomar porque lo que me habían prometido no se cumplió, a saber que iría a misa y recibiría el cuerpo de Cristo, y me pondrían fuera de las rejas"».

Llevando más lejos el interrogatorio, Cauchon iba a plantear la pregunta: «—¿Después de ese jueves [el día de la sesión en Saint-Ouen], habéis oído las voces de las santas Catalina y Margarita?

—Sí.

—¿Qué os han dicho ellas?

—Dios me ha mandado por las santas Catalina y Margarita gran piedad por esta fuerte traición a la que he consentido haciendo abjuración y revocación por salvar mi vida, y que me condenaba por salvar mi vida». Aquí, en el margen, el escribano que transcribía el proceso ha anotado *Responsio mortifera*, respuesta mortal.

Dos testigos atestiguan que al salir de la prisión Cauchon se dirigía alegremente a algunos ingleses, entre ellos al conde de Warwick en persona, que esperaba en el patio del castillo: «Farewell [hasta pronto], tened buen ánimo, está hecho».

Estaba hecho. Cauchon reunió deprisa a los asesores, contando cómo Jeanne había recuperado la ropa de hombre, señal de insumisión a la Iglesia, e invitándoles a deliberar sobre la respuesta que convenía dar a este acto de desobediencia. Sobre cuarenta y dos, treinta y nueve declararon que la cédula fuese leída y explicada de nuevo a Jeanne. Solamente tres declararon que había que abandonarla desde ese momento a la justicia secular. Inútil decir que ese fue el dictamen que adoptó Pierre Cauchon.

Así pues, desde el día siguiente de esta sesión, el 30 de mayo de 1431, entraron en la celda de Jeanne dos frailes dominicos encargados de prepararla a la muerte y a la hoguera que se acababa de levantar deprisa en la plaza del Mercado viejo. «Cuando [Martin Ladvenu] anunció a la pobre mujer la muerte de que debía morir ese día, que así lo habían ordenado sus jueces... ella comenzó a llorar dolorosamente y a tirar y arrancarse los cabellos: «¡Ay, se me trata así horrible y cruelmente, que sea preciso que mi cuerpo limpio y entero, que nunca fue corrompido, sea hoy consumido y convertido en cenizas! Preferiría ser decapitada siete veces que ser así quemada. ¡Ay, si hubiese estado en la prisión eclesiástica, guardada por gente de Iglesia, no por mis enemigos y adversarios, no hubiese llegado a tan miserable situación! Ah, apelo ante Dios, el gran juez, por los grandes agravios e injusticias que se me hacen».

En este momento, alguien más entra en la prisión: Pierre Cauchon, a quien Jeanne inmediatamente le dice: «Obispo, muero por vos». Y añade: «Por eso no apelo a vos sino a Dios». Jeanne se confiesa luego con el fraile Martin Ladvenu y pide recibir «el cuerpo del Señor», cuestión que deja perplejo al fraile dominico: ¿cómo dar la santa comunión a una excomulgada? Envía a consultar al obispo de Beauvais quien da esta sorprendente respuesta: «Que se le dé el sacramento de la Eucaristía y todo lo que ella pida...».

Luego, Jeanne es conducida en medio de la muchedumbre que contienen los soldados al Mercado viejo de Rouen, donde se ha preparado la hoguera. Hay en todo esto un ambiente de prisa, hasta el punto de que Cauchon descuida enviar primero a la acusada, juzgada culpable, al tribunal secular, como habría debido hacerlo, pues el cometido del tribunal de Inquisición se detenía en la sentencia que entregaba al «brazo secular» a la acusada pidiendo que sufriese el castigo del fuego. El lugarteniente del bailío de Rouen, presente en la escena de este miércoles 30 de mayo, debía recordarlo más tarde: «La sentencia fue pronunciada como que Jeanne se entregaba a la justicia secular. Enseguida después de esa sentencia, fue entregada a manos del bailío y sin que el bailío ni yo mismo […] hubiésemos pronunciado una sentencia, el verdugo agarró sin más a Jeanne y la condujo al lugar donde se había preparado la leña y fue quemada».

El ujier, Jean Massieu, siempre presente al lado de Jeanne, cuenta también: «Mientras Jeanne hacía sus devociones y piadosas lamentaciones, yo fui muy urgido por los ingleses […] para hacerla morir cuanto antes: "Cómo, padre, ¿nos haréis comer aquí?". Y al punto, sin ninguna forma o signo de juicio, la enviaron al fuego diciendo al verdugo: "¡Haz tu oficio!". Y así fue llevada y atada, continuando las alabanzas y lamentos devotos a Dios y a los santos, de los que la última palabra, al morir, fue gritar en alta voz: "¡Jesús!"».

Falta mencionar un gesto de piedad: «Jeanne pidió tener la cruz, lo que oyendo un inglés que estaba allí le hizo una pequeña del extremo de un palo y se la dio, y devotamente ella la recibió y besó haciendo piadosos lamentos a Dios nuestro Redentor que había sufrido en la cruz, de la que ella tenía la señal y representación, y puso esta cruz en su seno, entre su carne y sus vestidos».

Sin embargo, otro fraile, Isambart, que había tomado parte varias veces en el proceso y en un caso parece haber intentado aconsejar a Jeanne, se apresuró a ir a buscar en la iglesia cercana, Saint-Laurent, una cruz «para sostenerla levantada delante de sus ojos hasta el paso de la muerte a fin de que la cruz donde Dios pendió fuese en su vida continuamente ante su vista». Y el fraile así testigo, el más próximo sin duda a los últimos instantes de Jeanne, volvió con la cruz y la sostuvo delante de ella hasta el final: «Estando Jeanne en llamas nunca cesó hasta el final de clamar y confesar en alta voz el santo nombre de Jesús, implorando e invocando sin cesar la ayuda de los santos y santas del paraíso. Y todavía, lo que es más, entregando su espíritu e inclinando la cabeza, profirió el nombre de Jesús, como señal de que ella era ferviente en la fe de Dios».

# 8.
# ESTA NIÑA CÁNDIDA Y ESTE JEFE TRIUNFANTE

ES DE CHARLES PÉGUY —el gran cantor de Jeanne en el siglo XX, el autor del *Mystère de la charité de Jeanne d'Arc* y de tantos poemas en su honor— de quien tomamos prestado el título de este último capítulo. Pues la historia de Jeanne, esta muchachita que murió mientras que «no había pasado de sus humildes diecinueve años más que cinco o seis meses», no hacía más que comenzar. Se puede imaginar, en la tarde de ese 30 de mayo de 1431, el triunfo de los que habían deseado su muerte o habían cooperado en ella; no solamente los ingleses sino también, y de manera quizá más precisa aún, un Pierre Cauchon y los universitarios parisinos que se habían mostrado tan ardientes para perderla —divididos entre un cierto enfado y la satisfacción de haber acabado con la insoportable campesina que se había lanzado contra sus elucubraciones políticas y que, a la ideología de la doble monarquía armada por los intelectuales parisinos, había respondido por su fe toda simple y de una entera claridad: el reino de Francia no podía ser objeto de conquista; tenía su rey legítimo–. A la confusión, a las discordias que habían perdido el reino, había que oponer la unión, reagruparse, mostrar que el respeto de cada uno se imponía para la libertad de todos.

Esta es sin duda la lección final, válida para todos los tiempos, dada por un personaje extraordinario, el más sorprendente de la historia de la humanidad. Jeanne se encuentra en los albores de los tiempos modernos, en el momento en que van a abrirse las guerras de conquista, las empresas de colonización y la vuelta a la esclavitud. Ella parece alzarse en el umbral de una Europa en la que van a enfrentarse despiadadamente las ambiciones y nacerán bajo el color de nacionalismo los odios más radicales –como la última e inalterable figura de un tiempo en que, en Europa, no había habido conflicto entre pueblo y pueblo, en que la guerra estaba lejos de tener la importancia sin cesar creciente que iba a manifestarse durante los siglos clásicos, donde van a apagarse completamente los usos feudales, treguas, arbitrajes y compromisos caballerescos, para dejar paso a la soldadesca, a los pillajes, a las ambiciones desenfrenadas e ilimitadas del poder político y militar–.

¿Podía ella ser plenamente comprendida antes de nuestro tiempo, antes de que fuesen llevadas al paroxismo las tentaciones ideológicas y el desprecio de los débiles, de la mujer, de todo lo que escapa a las leyes de un poder que no reconoce ya ningún límite? ¿Que cree poseer el derecho porque tiene la fuerza? ¿Que se cree autorizado a desdeñar, a odiar, todo lo que no se parece a él?

Pero es tiempo de reemprender, una etapa tras otra, la vida póstuma de Jeanne.

Al día siguiente de la hoguera de Rouen, se ve al gobernador de la ciudad, el conde de Warwick, dedicado a enviar hombres para apoyar el asedio de Louviers emprendido desde hacía poco. Los ingleses no desisten de recuperar las conquistas militares y las teorías a favor de su poder; el 16 de diciembre de 1431 harán coronar rey de Francia en París a ese pequeño rey Henri VI, quien ha recibido ya en Westminster la corona de Inglaterra: en el curso del cortejo tradicional que marcaba las ceremonias de la consagración de un rey, se vio, por un juego de cuerdas y poleas diestramente manejadas, a un ángel descendiendo del cielo para colocar dos coronas por encima de la cabeza del joven soberano. Esa realeza presunta no llegará muy lejos. Cada vuelta a la acción de las fuerzas francesas supondría en adelante una victoria. Desde el mes de febrero de 1432, el Bastardo de Orleans recuperaba la ciudad de Chartres; luego fue Lagny la que escapaba a los ingleses y estos fracasaban en una importante ofensiva que pretendieron llevar contra el Mont-Saint-Michel, inexpugnable durante todas las hostilidades a pesar de su aislamiento.

Sin embargo, recomenzaron las negociaciones entre Francia y Borgoña. Terminaron con las conversaciones de Nevers, luego de Arras, en el año 1435. Y muy pronto, en la misma ciudad en que Jeanne había sido entregada a los ingleses, un acuerdo se concluía entre Francia y Borgoña. Debía ser ratificado el 10 de diciembre del mismo año por Charles VII en Tours. En adelante la brecha que había partido Francia en dos ya no existía, y se establecía «la buena paz firme que dure largamente» que había propuesto Jeanne d'Arc.

Mejor aún, al año siguiente, el 17 de abril de 1436, el condestable de Richemont hacía su entrada en París en nombre de Charles VII con quien él también se había reconciliado. «Antes de siete años, los ingleses perderán más presa de la que han tenido en Francia», aseguraba Jeanne en su proceso, el año 1431.

Y se iba a ver poco después, en 1440, el regreso de Charles de Orleans, después de veinticinco años preso en las prisiones inglesas. ¿Es una casualidad si, en este mismo año 1440, la madre de Jeanne, Isabelle Romée, era invitada por los orleaneses a venir a instalarse en su ciudad?; tras la muerte de su esposo y de su hijo mayor, se encontró en la imposibilidad de mantener sus tierras y, amenazada por la miseria, debía ser en adelante la invitada de por vida de los orleaneses agradecidos. En los registros de cuentas de la ciudad figura todos los meses la pensión que se le entregaba: una suma de cuarenta y ocho sueldos, que representaba entonces un retiro apreciable. Muy pronto se le unía en Orleans su hijo Pierre que recibía del duque Charles una donación: la Île-aux-Boeufs situada en el Loira.

Pero es más tarde aún cuando se producirán los acontecimientos decisivos. Y primero, en 1449, la ofensiva del rey sobre Normandía que se sublevaba, con tan buen resultado que Charles VII haría, el 10 de noviembre de 1449, su entrada solemne en la ciudad de Rouen liberada después de treinta años de ocupación. Es probable que Charles, una vez en esta ciudad, se hiciera traer los registros y piezas del proceso de Jeanne que se encontraban depositados en el arzobispado. Lo cierto es que, el 15 de febrero de 1450, él dictaba una carta dirigida a su consejero Guillaume Bouillé ordenándole emprender una encuesta para saber exactamente, por los testigos supervivientes, en qué condiciones se había llevado este proceso de Jeanne y cómo se la había conducido a la hoguera. Encuesta realizada rápidamente y que permite interrogar, no solo a los dos dominicos que habían acompañado a Jeanne hasta la hoguera, Martin Ladvenu e Isambart de La Pierre, sino también al ujier Jean Massieu, e incluso a uno de los universitarios más cercanos a Cauchon, el maestro Jean Beaupère que, con tanta frecuencia, había procedido él mismo a los interrogatorios; finalmente y sobre todo el notario Guillaume Manchon, adjunto al arzobispado de Rouen, iba a ser largamente interrogado sobre las circunstancias del proceso de condenación que él mismo había registrado, y del que conocía punto por punto las etapas. Es evidente que nada semejante podía hacerse en tanto que Rouen estuviese en manos de los ingleses. El 15 de abril de este mismo año 1450, una victoria decisiva se obtenía en Formigny por los ejércitos franceses sobre los del rey Henri VI, que había sin embargo hecho un gran esfuerzo, hasta empeñar las joyas de la corona, para operar una reconquista que él esperaba siempre.

La encuesta llevada por Guillaume Bouillé va a arrastrar otra encuesta, esta realizada por las autoridades eclesiásticas, sobre el proceso de condenación. Este, en efecto, en tanto que proceso de Inquisición, era un proceso de la Iglesia, llevado por un tribunal de la Iglesia, y que, en principio, seguía sin apelación. Pero los testimonios recogidos por la primera encuesta mostraban muy claramente que la condenación estaba manchada de errores manifiestos, de dolos y fraudes, como había declarado el notario Guillaume Manchon, principal testigo de lo que había pasado en Rouen durante la ocupación inglesa. Una encuesta eclesiástica se abrió pues en el mes de mayo de 1452, conducida por Guillaume d'Estouteville, legado del papa en Francia, y por el nuevo inquisidor de Francia, Jean Bréhal. Este último a continuación de la nueva encuesta debidamente oficial y eclesiástica, esta vez, redactó un resumen del conjunto del asunto. Los principales culpables en la condenación de Jeanne habían muerto, Pierre Cauchon en 1442, el promotor Jean d'Estivet en 1438 y el que había dirigido a Jeanne un último sermón en el Mercado viejo, Nicolas Midy, más o menos en la misma época que el obispo Cauchon. Pero muchos antiguos asesores del proceso seguían en vida, algunos incluso, como Thomas de Courcelles, persistían en su actitud acusadora, declarando agujeros de memoria oportunos cuando las preguntas que se le hacían eran demasiado embarazosas…

Por el mismo tiempo, una nueva victoria francesa completaba las precedentes: la batalla de Castillon, en el curso de la cual muere el 17 de julio el viejo jefe John Talbot, que fuera antes hecho prisionero por Jeanne en la batalla de Patay. La batalla de Castillon acababa la liberación del país, pues los ingleses debían dejar la Guyenne.

Dos años más tarde, el nuevo papa, Calixto III, otorgaba a la familia de Jeanne d'Arc un «rescripto» autorizándola a abrir la revisión del proceso de Jeanne. Su madre, Isabelle Romée, todavía viva, debía presentarse el 7 de noviembre de 1455 en Notre-Dame-de-Paris y

110

entregar con sus propias manos el rescripto al legado designado por el papa para seguir el asunto. Su recurso tan emocionante nos ha sido conservado en el proceso verbal de la ceremonia: «Yo tenía una hija, nacida en matrimonio legítimo, a la que había provisto dignamente de los sacramentos del bautismo y de la confirmación y la había educado en el temor de Dios y el respeto de la tradición de la Iglesia, tanto como lo permitían su edad y la sencillez de su condición, tanto que... frecuentaba mucho la iglesia y se entregaba a los ayunos y las oraciones con gran devoción y fervor por las necesidades entonces tan grandes en que se encontraba el pueblo y que ella compadecía de todo corazón; sin embargo... unos enemigos la hicieron comparecer en proceso de fe y, sin que ningún socorro se le diera a su inocencia, en un proceso pérfido, violento e inicuo, sin sombra de derecho... la condenaron de manera ilícita y criminal y la hicieron morir muy cruelmente por el fuego».

Este emocionante recuerdo abría una nueva encuesta, muy profunda, muy explícita, que debía conducir a la rehabilitación de Jeanne, o más bien a una neta afirmación de la nulidad del proceso que la había condenado como hereje veinticinco años antes. Esta nulidad del primer proceso fue pronunciada solemnemente el 7 de julio de 1456 en la misma sala del arzobispado de Rouen donde habían deliberado Pierre Cauchon y sus cómplices antes de la condena de Jeanne. Varias ceremonias tuvieron lugar en la plaza del Mercado viejo de Rouen y también en otras ciudades de Francia, y sobre todo en Orleans, donde el recuerdo de Jeanne se encontraba renovado cada año el día del aniversario de la liberación de la ciudad, el 8 de mayo. Se sabe que hoy aún esta ceremonia tiene lugar, marcada por un gran cortejo del que se dice que «la mitad de la ciudad ve desfilar a la otra mitad». Las principales autoridades del Estado consideran un deber asistir, al menos una vez, a este recuerdo de la liberación de la ciudad por Jeanne la Pucelle.

Este es el verdadero proceso de Jeanne, el proceso de rehabilitación: así se llama al conjunto de encuestas, luego al proceso propiamente dicho, en el curso del cual ciento quince testigos fueron interrogados, algunos varias veces; todos los que han conocido a Jeanne, desde los campesinos de Domrémy que un tribunal delegado fue a escuchar allí, hasta los asesores supervivientes o los testigos de su martirio en la hoguera de Rouen. Documento incomparable en el que, por turno, se hacen oír los príncipes de sangre, como el duque de Alençon o el Bastardo de Orleans –por entonces se ha convertido en Jean, conde de Dunois–, los consejeros reales como Simon Charles o Raoul de Gaucourt, los burgueses y burguesas de Orleans, testigos de su victoria, los soldados que combatieron a su lado como Gobert Thibault y muchos otros; sin olvidar a los que la acompañaron en la primera cabalgada, llena de incertidumbre, de Vaucouleurs a Chinon, y que los dos están aún en vida, Jean de Metz y Bertrand de Poulengy.

Así, a pequeños toques, cada uno añade su aportación personal a un incomparable retrato de Jeanne, tal como la vieron quienes vivieron a su lado. Y este retrato coincide perfectamente con Jeanne tal como ella se expresa en sus sublimes respuestas en el proceso de condenación. Es de ese proceso de rehabilitación de donde proceden muchas de las citas utilizadas en este libro, y que nos permiten tener así un contacto directo con quienes la trataron. Añadamos que, como su último editor, Pierre Duparc, ha subrayado, se debería llamar a este último proceso: «Proceso de nulidad de la condenación». Pues no se trata de rehabilitar a Jeanne, ni de hacer de ella una santa inspirada, sino más bien de saber si, sí o no, ella fue hereje y merecía ser condenada como tal.

A otro proceso, el de canonización, estaba reservado el honor de llevar a Jeanne a los altares y reconocer su santidad. Pero este proceso es tardío: comenzado en 1869 a iniciativa de monseñor Dupanloup, entonces obispo de Orleans, no iba a terminar hasta 1920. ¿Puede sorprender parecida distancia en el tiempo? Así del siglo XV al XIX, durante cuatrocientos años, ¿la santidad de Jeanne no habría sido reconocida sino en Orleans?

Sin embargo, es así. Jeanne habrá compartido durante cuatro siglos el profundo desdén que todo el mundo cultivaba, comenzando por la universidad, por los tiempos «góticos». Este término es por entonces término de desprecio. Desde finales del siglo XV, pero sobre todo en el XVI, XVII y XVIII, se ignora la Edad Media y, salvo algunos benedictinos, los notables de la congregación de Saint-Maur que han sido destacados eruditos, se prefiere olvidarla; se enseñará en las escuelas que François Villon fue «¡el primero en fecha de los poetas franceses!» y Jeanne forma parte de la «Edad Media», considerada como una época de ignorancia y de tinieblas a la que el «Renacimiento» habrá puesto fin felizmente. No nos detendremos aquí a discutir lo que tenía de anticientífica e irracional semejante concepción. El gusto por la antigüedad había llegado entonces tan lejos que no se consideraba bello sino lo que provenía de los griegos o de los romanos, a los que se esforzaban por imitar.

El recuerdo de las hazañas de Jeanne subsistía sin embargo en la memoria colectiva, pero, si hubo obras literarias sobre ellas, hoy son recolocadas en el rango que les conviene. ¿Se podría actualmente leer *La Pucelle o la Francia liberada,* obra de Chapelain en el siglo XVII, o *La Pucelle* de Voltaire en el XVIII? La una y la otra son tan desenfocadas, tan alejadas de la Historia, tan marcadas por el estilo propio de su tiempo, que nos parecen propiamente ilegibles.

Digamos por lo demás en descargo de esas épocas que los procesos y las crónicas del tiempo que son los documentos esenciales para conocer a Jeanne no estaban publicados: no se podían leer más que en manuscrito, lo que suponía que se sabía latín y, mejor aún, que se podía descifrar la escritura del siglo XV. El trabajo de publicación nacido de estos inestimables documentos no se emprendió hasta el siglo XIX. Exactamente, fue entre 1841 y 1849 cuando un erudito, Jules Quicherat —devenido luego director de l'École des Chartes que se fundó bajo Charles X, justamente para estudiar las piezas habidas en nuestros archivos y que databan de la época feudal o medieval— publicó la integral de los dos procesos, y también un cierto número de piezas accesorias: cartas privadas o públicas y memorias del tiempo, obra magnífica en cinco volúmenes que ha permitido el conocimiento de Jeanne, no solamente de los acontecimientos que ella determinó, sino de su persona.

Muy pronto, otro erudito, Eugène O'Reilly, publicaba la traducción de los dos procesos, que apareció en

1868. Sin duda esta publicación fue determinante en la decisión que tomó monseñor Dupanloup, en las fiestas de 1869, de reunir a un cierto número de obispos para pedirles que se dirigiesen al papa Pío IX a fin de que se abriese el proceso de canonización de Jeanne d'Arc. A continuación, los acontecimientos como la guerra de 1870 retardaron las distintas etapas de esta canonización. Queda que —a la vista de las encuestas hechas sobre este asunto y que la Imprenta Vaticana publicó a partir de 1894 (forman un conjunto de diecisiete volúmenes *in quarto*)— Jeanne fue declarada venerable, luego beatificada en San Pedro de Roma el 18 de abril de 1909. De nuevo retardada por la terrible guerra de 1914-1919, Jeanne será al fin solemnemente canonizada en Roma el 16 de mayo de 1920.

Entretanto, su popularidad ha alcanzado un grado extraordinario, hasta el punto de que no hay apenas partido político en Francia que no la haya reivindicado. Pero más allá de las explotaciones partidistas, se puede admirar que Jeanne ha llegado a ser una santa universal: por excelencia la santa de toda liberación; atestigua para todos que la respuesta a la acción divina se espera de los laicos tanto como de los religiosos y religiosas, y que esta respuesta se puede dar aun en las peores circunstancias, en la guerra como en la paz. Jeanne es quien ha correspondido exactamente, totalmente, a las llamadas que Dios le dirigía a través de quienes ella reconocía como las santas Catalina y Margarita y como el arcángel san Miguel. Llamada a una vocación sorprendente, incluso paradójica, su respuesta es siempre el *sí* que fue el de María al ángel de la Anunciación y que le permitió estar siempre presente, aportando, en el seno mismo de la acción guerrera, el espíritu de caridad que la hacía llorar por el alma de su enemigo, el capitán Glasdale.

«La muchacha más santa después de la Virgen santa», decía Péguy.

ESTE LIBRO, PUBLICADO POR
EDICIONES RIALP, S. A.,
MANUEL URIBE 13-15, 28033 MADRID,
SE TERMINÓ DE IMPRIMIR
EN ARTES GRÁFICAS ANZOS, S. L.,
FUENLABRADA (MADRID),
EL DÍA 13 DE FEBRERO DE 2024.